BRANDT / BRAUN / RAMPP

Blindwellen und Federtöpfe

Erinnerungen an die Ellokveteranen der Bundesbahn

EISENBAHNCLUB MÜNCHEN e.V.

Titelbild: „Heuwender" wurden die E52 vom Lokpersonal genannt. Wer sich die wirbelnden Kuppelstangen der E52 25 auf dem Titelfoto vorstellt, versteht den Spitznamen. Die Lok und die bemerkenswerte Wagengarnitur hat P. Ramsenthaler 1951 bei Limbach aufgenommen.

Rückseite: Tief verschneit präsentiert sich die Landschaft im Außerfern am 16.2.1985. Die 194 112 hat mit dem „Sammler" vor einigen Minuten Reutte in Tirol verlassen und brummt nun — durch den Schnee gedämpft — bei Bad Krekelmoos bergauf. Foto: B. Brandt

Zeichnungen: Die oft skurrilen Konstruktionen der Ellok-Veteranen beflügelten die Phantasie unseres Zeichners Andreas Knipping, der uns einige schöne „free lance"-Motive mit echten und erfundenen Altbau-Elloks zur Verfügung stellte, die wir zur Illustration der Vorsatzblätter und der Anekdoten verwendet haben.

CIP-Kurztitelaufnahme der Deutschen Bibliothek:

Brandt Bertold, Braun Andreas und Rampp Brian
„Blindwellen und Federtöpfe — Erinnerungen an die Ellokveteranen der Bundesbahn".
1. Auflage
Andreas Braun Verlag, EISENBAHNCLUB MÜNCHEN
ISBN 3-9251 12 001-7

Copyright by Andreas Braun Verlag, München 1985

Alle Rechte, auch die des auszugsweisen Nachdrucks, der fotomechanischen Wiedergabe, der elektronischen Aufzeichnung, der Aufzeichnung auf Mikrofilm oder sonstiger Verarbeitung oder Veröffentlichung vorbehalten.

Satz: Boneberger, München 40
Druck: F.C. Mayer Verlag, München 40

Vorwort

Zum 150jährigen Jubiläum der Eisenbahn in Deutschland ist die Bahn verstärkt in das Interesse des breiten Publikums gerückt. Im Laufe dieser 150 Jahre haben vielfältige Lokomotiv- und Fahrzeuggenerationen das Alltagsbild dieses Verkehrsmittels bestimmt. In diesem Buch widmen wir uns einem Kapitel der Eisenbahngeschichte, das fast abgeschlossen ist: Die Ära der Elektrolok-Veteranen, die jahrzehntelang das Rückgrat des elektrischen Betriebes darstellten, geht zu Ende.
Die Erinnerung an die alten elektrischen Lokomotiven der Bundesbahn festzuhalten, das Stimmungsbild und damit den Reiz der elektrischen Eisenbahn zu dokumentieren, war unser Ziel bei der Fotoauswahl dieses Buches. Dank der Unterstützung vieler Eisenbahnfreunde, die mit ihren Fotoapparaten Momentaufnahmen aus dem Betriebsalltag festhielten, gelang es uns, ein breites Spektrum von Fotografien in diesem Buch zu vereinigen. Uns selbst ist beim Auswählen der Fotos bewußt geworden, wie rasch die Eisenbahn in diesen Jahren ihr Gesicht gewandelt hat und wie sehr diese Entwicklung bereits Teil der eigenen Geschichte geworden ist.

Ausgangspunkt unseres Bilderbogens ist München Hauptbahnhof. Von dort beginnen wir die Reise nach Oberbayern, wenden uns dann Stuttgart und Umgebung zu, um dann über Karlsruhe in den Schwarzwald und nach Südbaden zu fahren. Von dort aus geht es wieder rhein- und neckarabwärts nach Frankfurt und in die norddeutschen Einsatzgebiete der alten Elloks, wo Hamburg den nördlichen Wendepunkt bildet. Hier besteigen wir den Gegenzug nach Würzburg, um von dort Abstecher in den Frankenwald und an die von Nürnberg ausgehenden Strecken zu unternehmen. Über einige Zwischenhalte an interessanten Einsatzstrecken der alten Maschinen gelangen wir wieder nach München. Zum Schluß widmen wir uns noch den alten Museums-Elloks der DB.

Bei aller beschaulichen Betrachtungsweise der Bilder dieses Buches, wie wir sie anregen möchten, soll aber auch die unterhaltsame Seite der Eisenbahn-Liebhaberei nicht zu kurz kommen. So wünschen wir viel Freude beim Studium der Fotos und Zeichnungen und bei der Lektüre der eingestreuten Histörchen.

München, im Mai 1985

Bertold Brandt   Andreas Braun   Brian Rampp

Erste Begegnungen mit den Altbauelloks

Wenn ich nach einer nun schon langjährigen vielfältigen Beschäftigung mit der Eisenbahn zurückdenke und -fühle, wie alles anfing, dann erreicht die Erinnerung nicht nur die fürs Leben faszinierende Begegnung mit der Dampflokomotive, sondern auch die frühen Eindrücke von elektrischen Fahrzeugen. Die ersten Schienenfahrten meines Lebens legte ich nicht im Dampfzug zurück, sondern in der weißblauen Münchner Trambahn, die in den fünfziger Jahren noch mit schwereisernen genieteten Wagen auf ausgefahrenen Gleisen durch die Straßenschluchten donnerte und in enge Bögen kreischte, in umständlichem Rangiermanöver an der Endhaltestelle Nikolaiplatz ihre Verstärkungsbeiwagen aufsammelte und mit all dem noch den soliden Eindruck von technischer Substanz vermittelte, der auch für die alte Eisenbahn so typisch ist.

Ein ganz anderer Anblick ist mir ebenfalls noch heute nacherlebbar: Der Blick hinauf in das Schaufenster eines vorweihnachtlichen Spielzeugladens, wo hell beleuchtet in blau oder grün, rot und silber strahlend, überwältigend glänzend und doch klein und zierlich eine E18, ein Krokodil oder einer der damaligen Phantasietriebwagen von Märklin gestanden haben mag, in der Farbenpracht damals faszinierender als ein Dampflokmodell. Zu Hause unterm Weihnachtsbaum genügte neben der selbstverständlichen 89er eine E63. Ich erinnere mich wohl richtig, daß ich die großen Modelle damals als unerreichbar von ferne verehrte, ohne den Wunsch nach ihrem Besitz überhaupt zu entwickeln.

Die ersten großen elektrischen Lokomotiven kamen anläßlich der frühen Urlaubsreisen mit der Bahn in mein Blickfeld. Heute weiß ich, daß es die E16 gewesen sein muß, die mich erstmals in den Chiemgau brachte. Später waren die Reiseziele weitergesteckt, man fuhr nach Italien, und die am Brenner tätigen Drehstromloks gehörten nicht nur zu den ersten, sondern auch zu den eigenartigsten Maschinen, die ich je gesehen habe. Wie braune Insekten blicken sie aus vergitterten Fenstern, hinter mächtigen Vorbauten verschanzt, grimmig hervor.

Auf den noch wenig geordneten, aber sinnlich unmittelbaren Farb- und Formeindrücken des ersten Lebensjahrzehnts bauten sich erst später systematische Kenntnisse auf. Die Möglichkeit dazu war eröffnet, als ich kurz nach dem neunten Geburtstag nach Gröbenzell an der Strecke München — Augsburg zog, und besonders, als ein Jahr später die täglichen Schulfahrten nach München begannen. Am Bahnübergang, einem schon seit frühen Genthiner Sommern lieben Aufenthaltsort, konnte ich jetzt alles sehen, was die elektrische Eisenbahn des Jahres 1961 zu bieten hatte. Das war zunächst einmal die E44, ganz richtig wie ich sie von Märklin zu Hause hatte, mit einer Reihe Plattformwagen „Bi 28" und einem zweiachsigen Postwagen jener Bauart, die Anfang der Fünfziger Jahre hergestellt worden war. In diesen Postwagen wurden am Haltepunkt noch Sendungen für die 16 km entfernte Stadt verladen, eine heute unvorstellbare Beförderungsart. Vergleichsweise modern war der damals noch in München stationierte ET32. Bei uns hieß er einfach „der rote Triebwagen".

1962 gab es diesen sowie die schönen E44-Züge leider nicht mehr. Da war der Schülerzug ein Wendezug aus E41 und „Silberlingen" oder Umbaudreiachsern. Die E41 war, ganz getreu dem Märklin-Katalog, der lange meine einzige Literaturquelle war, in grün und in blau vorhanden. Das gab es auch bei der Neubaulok der nächstgrößeren Art: Die E10 und E40 waren nur an der Farbe voneinander zu unterscheiden. Die E40 war selten in München, später lange Zeit auf die Regensburger Strecke beschränkt, aber die E10 genoß den Ruf der modernsten Schnellzuglok der Deutschen Bundesbahn. Sie führte viele der blauen F-Züge mit rotem Speisewagen. Alle Neubauloks waren damals noch glänzend lackiert, mit silbernem Dach und roten Stromabnehmern und ordentlichen Metallnummernschildern. Sie konnten ihr Gußschild „DB" noch mit Stolz führen. Größte Attraktion unter den neuen Loks der damaligen Zeit war die $E10^{12}$, die Rheinpfeillok. Sie war wie ihre Zuggarnitur blaubeige lackiert. Wer konnte ahnen, daß dies später die Standardfarbgebung aller Loks und Reisezugwagen werden sollte! Nachdem ich mit einem Freund die neue Lok im Hauptbahnhof entdeckt hatte, beim nächsten Mal sogar einen scheuen Gang durch den Aussichtswagen des Rheinpfeils gewagt hatte, stand unser Entschluß fest, den ins Auge gefaßten Pfiff-Club mit dem Namen „Rheinpfeil" zu schmücken. Doch bis die $E10^{12}$ erschienen war, hatten wir schon viele weitere Baureihen kennengelernt. Mit dem erwähnten

Den Münchner Bahnbetrieb der ersten Nachkriegszeit zeigen diese beiden Fotos. Vor der zerstörten Hauptbahnhofs-Halle (deren filigrane Konstruktion in diesem Zustand deutlich wird) steht die E52 03 mit ihrem Personenzug abfahrbereit. Der Wagenmeister hat mit dem Hammer in der Hand gerade den Zug abgeschritten und wird ihn gleich fertigmelden. Die Aufnahme von E. Schörner dürfte etwa 1947 entstanden sein. Mit dem D 150 aus Berlin ist die E19 12 gerade eingelaufen; die Lok steht nun mit heulenden Lüftern am Prellbock. Die Entbehrungen der Nachkriegszeit sind vor allem den mit Koffern und Bündeln bepackten Frauen ins Gesicht geschrieben. Die Aufnahme aus der Sammlung A. Knipping dürfte — dem Wagenmaterial nach zu schließen — Anfang der fünfziger Jahre entstanden sein.

Freund hatte ich es zum feststehenden Ritual erhoben, daß bei der Fahrt von Gröbenzell nach München jeder eine gesehene Baureihe laut aussprach, so wie sich Lokführer und Heizer den Stand der Signale zurufen. So führten wir bei der Vorbeifahrt am Bw und dem Vorfeld des Hauptbahnhofs stets wiederkehrende Dialoge, die zusammengenommen etwa lauteten: „38, 86, E94, E44, E18, E16, E18, V60, E17, E44, E41, E10, E44, E18, 78, E32, E41, E04, V36, E60, E10."
Bald war eine neue Baureihe schon eine Sensation, so z. B. die erste E75, im Rbf Laim gesichtet, oder eine E52, die auf dem Weg ins AW Freimann nach München kam.

Doch nun zu den Denkwürdigkeiten, die mir nach Nummern geordnet, zu den einzelnen Baureihen einfallen. Die E04! Zuerst verwechselte ich sie mit der E17, bis ich merkte, daß ihr eine Achse fehlt, und daß ihre Proportionen doch deutlich anders sind. Ihr Gesamteindruck ist leichter und frischer als bei der mächtigen E17. Über längere Zeit hinweg führte die E04 einen schönen Vorkriegszug, der für uns jeweils dann einschlägig war, wenn die erste Schulstunde ausfiel. Der Zug war aus achttürigen Eilzugwagen gebildet. Ich hatte meinen Stammplatz auf der vordersten Einstiegsplattform. Zwei Fenster links, drei vorne, zwei rechts boten jede Möglichkeit, die Fahrweise der E04 und alle Ereignisse rechts oder links zu beobachten.

Rätsel gab uns die E16 auf. Irgendwo stand, sie habe einen Buchliantrieb. Gewiß, für manche Exemplare traf dies sichtlich zu, unverkennbar waren die vier fast bis auf die Schienen herabhängenden Kästen, von denen jeder ein Gesicht zu haben schien: Treue runde Augen oben rechts und links, unter der Knollennase ein langgezogener lachender Mund. Aber da gab es auch noch E16er ganz anderer Art, deren Treibräder ganz auffällig frei lagen und nicht einmal durch eine Kuppelstange verbunden waren. Erst nach einer Weile merkten wir, daß jede E16 diese beiden ganz verschiedenen Seiten aufweist. Solche Asymetrie ist bei Lokomotiven sonst nicht der Brauch.

Die E17 war Stammlok auf unserer Strecke. Sie war als einzige akustisch von weitem identifizierbar. Ihr heulendes Fahrgeräusch konnte ich auch daheim im Bett noch hören. Bei günstigem Wind kam von der entgegengesetzten Seite der Auspuffschlag der in Puchheim ausfahrenden 18er und 38er an mein Ohr. Heute fährt hier wie dort der ET420, sein Fahrgeräusch geht über einige Kilometer unter in dem alles überlagernden Lärm der so viel mehr gewordenen Autos. Als ein nettes Detail ist mir übrigens erinnerlich eine kleine senkrechte Griffstange, die vor dem Nummernschild auf dem Pufferträger der E17 und mancher anderen Altbauellok stand. Sie war wohl gedacht für die linke Hand des Rangierers, der allein mit der rechten die schwere Kupplung des Wagens hochhält. Die E17 03 war die erste Lok, die ich je fotografiert habe (abgesehen von einigen frühen „Fotos", deren technische Qualität nicht einmal die Identifizierung der Baureihe zulassen).

Ein Wort zum Fotografieren! Wie oft habe ich mir inzwischen gewünscht, ich hätte einmal in jenen Jahren auch nur eine Stunde lang an der Donnersberger Brücke jede Lok fotografiert, die vom Bw in den Hauptbahnhof fuhr oder einen einzigen Gang vom Gleis 1 bis 36 ausführlich bildlich dokumentiert. Aber was solls. Als 10- oder 12jähriger konnte ich noch kein Bewußtsein für größere zeitliche Abläufe bilden, und für einen durchaus vorhandenen dokumentarischen Eifer fehlte die Informationsgrundlage. Wie hätte ich damals wissen können, wie bald schon manches gewohnte alltägliche Detail des Eisenbahnbetriebes einer unwiederbringlichen Vergangenheit angehören sollte.

Weiter in der Reihenfolge der Baureihen: Die E18 war neben der E10 Standardlok für Schnellzüge. Sie war in grün und in blau vorhanden, wie bei den meisten alten Elloks kamen unterschiedliche Stromabnehmer vor, die E18 35 hatte weiße Zierlinien, 1965 gab es aufgemalte Reklame für die Internationale Verkehrsausstellung an einigen E18ern. Durch die neuen Lampen und Nummern hat die E18 in späteren Jahren viel von ihrem alten Reiz verloren, aber dennoch empfand ich es als einen Einschnitt, als ich Anfang Juni 1984 zum letzten Mal eine solche Lok aus dem Münchner Hauptbahnhof fahren sah. In den letzten Jahren waren die E18er schon altes Eisen. Manches Gehäuse erinnerte mich mit seinen Rostlöchern an mein Auto, und ein Lokführer mußte sich im Hauptbahnhof von einem Reisenden mit Blick auf seine am Prellbock stehende E18 sagen lassen: „Mei, Mo, da fahrst vielleicht a oide Kistn!" Zwanzig Jahre vorher hatte mir ein freundlicher Lokführer einmal erlaubt, die grüne E18 10 von innen zu besichtigen. Das war damals übrigens auch die erste mit Gummi-

Interessantes Treiben im Vorfeld des Münchner Hauptbahnhofs: Typischen Betrieb der 50er Jahre hielten die Fotografen J. Schweichler (oben, 1954) und J. Hagemann (unten, 1953) fest. Mit dreiachsigen bayerischen Personenzugwagen verläßt die E04 18 den Hauptbahnhof der Landeshauptstadt; im Hintergrund ein abgestellter ET 25 mit Beiwagen und die zerstörte Kuppel des Verkehrsministeriums. Unten rangiert die E63 06 einen Personenzug in den Starnberger Flügelbahnhof. Bayerische Personenzugwagen, vierachsige preußische Abteilwagen und jede Menge Dampf beherrschen die Szene.

elementen anstelle der Federtöpfe. Noch einige Nummern von Lokomotiven sind mir in Erinnerung, auf deren Führerstand ich einmal hinaufdurfte. Das waren z. B. die 18 620, die Schnellfahrlok E10 300 und die E19 02.

Damit sind wir bei der E19, einer fast legendären Weiterentwicklung der E18. Zwei Formen waren an den unterschiedlichen Dachaufbauten erkennbar, jede Variante gab es in einem grünen und einem blauen Exemplar. Im Grunde waren sie ja äußerlich E18er, aber die Phantasie ließ doch die spitzen Ziffern der Nummernschilder heller glänzen, die geheimnisvolle Technik im Maschinenraum feierlicher summen und die Schleifstücke beim Aufbügeln dezenter am Fahrdraht anschlagen.
Von der feierlichsten Lokomotive zur spielzeughaftesten: Die E32! Ein liebenswertes Gefährt. Sie war beim Vorbild das, was bei Märklin die RSM 800 darstellte. Schon die unterschiedlich großen Laternen auf manchen Stirnseiten dieser Loks und das filigrane Triebwerk ließen erkennen, daß sich die alte Reichsbahn mit der Schaffung der E32 einen Spaß erlaubt hatte. Die fast ausschließliche Verwendung vor Abstellzügen nach Pasing ließ zudem keine große Kraft in ihr vermuten. Nur selten kurbelte einmal eine über die Augsburger Strecke. Mit ihrem Stangenantrieb gehörte sie aber immerhin zu den klassischsten Elloks. Sie mußte mit aufgezählt werden, als ich mit meinem Bruder einmal von einem alten Lokführer im Vorortzug ins Gespräch gezogen wurde, der uns alsbald nach unseren Kenntnissen befragte. Ob wir auch alle Stangenelloks wüßten! Als ich die E32, E52, E60, E63, E75 und E91 genannt hatte, kam anerkennend: „Ja, ja, da habts Eich scho intressiert, des merk i glei."

Inbegriff soliden unauffälligen alten Ellokwesens war die E44. Von Kindertagen bis 1983 war sie allgegenwärtig. Sie kam uns im Glanz von Sonne und Rauhreif entgegen, wenn wir — zugegebenermaßen mit dem Auto — an der Außerfernbahn entlang zum Schifahren nach Österreich fuhren. Sie brachte die Garnitur des Rostocker Schnellzuges in den Hauptbahnhof, wenn wir eine Reise in die DDR antraten, und am nächsten Morgen war sie in Leipzig auch wieder zu sehen, exotischerweise mit roten Drehgestellen.

Eigenartig war es, eines Tages eine E44 mit Fünfhundertnummer kennenzulernen, die das nicht hatte, was das Wesen der E44 am meisten prägt: Die kurzen, gemütlichen, massiven Vorbauten. Die E44.5, so hieß die Variante, erinnerte von der Gestaltung der Frontseite mehr an die E75. Selten kam eine von Freilassing nach München.

In der Nummernfolge kommt nun die E52. Sie war für München nicht typisch. Auf der Durchreise sah ich sie einmal in Donauwörth mit einem Personenzug auf dem Nebengleis stehen. Das war 1964, als ich von Bremen nach München nacheinander mit 03, E10, E10.0 und E17 reiste.

Die E60 sah ich nicht lange in München. Aber sie war in Garmisch und Freilassing auch noch in erreichbaren Gebieten. Unverkennbar genug war sie ja in ihrer krassen Asymmetrie. Und sie war unsere einzige rote Ellok, denn die E63 war in für uns zunächst unerforschten Gegenden zu Hause.

Lange hoffte ich, einmal eine E69 zu sehen. Die Kenntnis, sie sei in Garmisch stationiert, erwies sich bei einem Kurzbesuch im dortigen Bahnhof als wenig hilfreich, denn eingesetzt war sie natürlich in Murnau. Dafür sah ich in Garmisch die österreichische 1245.5, auch ein eigenartiges Lokomotivgesicht. Die E69 sah ich erst 1968 in Murnau, als mir eine Bezirkswochenkarte alle Schätze von Mühldorf bis Garmisch zugänglich machte. Ich beobachtete einen Lokführerwechsel bei der nunmehrigen 169 002. Der neueingestiegene Lokführer wollte abfahren, aber nichts rührte sich. Aus dem Fenster rief er seinem Vorgänger auf dem Bahnsteig zu: „Die geht ja net!". Der Abgelöste antwortete lachend: „Da Stromabnehmer is ja herunten!" Der andere gab sich so schnell nicht zufrieden: „Aber der Spannungsmesser zoagt fuchzehntausend." „Muaßt amoi naufhaun." „A so, stimmt, jetzt is a auf null."

Fast überall ließ sich gelegentlich die E75 sehen. Sie rangierte in Laim, half bei den für alle alten Elloks einschlägigen Abstellzügen aus, und einmal führte sie sogar unseren morgendlichen Schülerzug. Besonders ansprechend fand ich die E75 von der äußeren Form her nicht. Die Familie E32–52–91 hat ausgewogenere Proportionen und eine freundlichere Stirnseite.

Die E91 war in Laim am Ablaufberg zu sehen. Gerade dort kam ihr dreigeteilter Aufbau gut zur Geltung. Das doppelte Triebwerk imponierte besonders, wenn die Kuppelstangen

Bis zur Ablösung durch die Diesellok der Baureihe V60 konnte man im Münchner Hauptbahnhof die fleißigen Lieschen der Baureihen E60 und E63 sehen und hören. E60 07 hat sich gerade an einen Personenzug gesetzt und wird diesen gleich ins Vorfeld ziehen (Foto H. Stange). Auf der unteren Aufnahme von P. Konzelmann scheppert E63 05 vor einer interessanten Personenzug-Garnitur gerade über die Weichenstraßen. Auch hier sind die Loks noch im Ursprungszustand, abgesehen von den bereits durch SBS 10 ersetzten Stromabnehmern mit Doppelschleifstücken. Die Fotos entstanden 1958.

gegeneinander versetzt arbeiteten. Die E91 war übrigens bei aller Schlichtheit sehr ansprechend gestaltet. Anordnung und Formgebung der Fenster, der Lüftungsgitter und des Dachaufbaues und die Proportionen des Gehäuses sind wie bei der E52 wohlgelungen.

In der Lokomotivgeschichte läßt sich vielfach beobachten, daß technisch gelungene Konstruktionen auch für das Auge gut anzusehen waren, während ein allzu bizarres Äußeres oft einer inneren Unvollkommenheit entsprach. Nicht alle E91er sahen gleich aus: Manche hatten nur zwei Fenster an der Stirnseite, bei anderen war die Kontur der einstigen Übergangstür noch zu sehen, andere hatten drei gleiche „Reko"fenster, und neben der E91.0 gab es ja auch noch die strenger blickende E91.9, die aber mehr in München Ost eingesetzt war. Dorthin kam ich aber selten, denn in Vor-S-Bahn-Zeiten war der Ostbahnhof ein fernes Reiseziel, ganz zu schweigen vom Rangierbahnhof Berg am Laim.

Unser Streifzug durch die Baureihen endet mit dem deutschen Krokodil, der E94. Mit ihr ist auch die Verbindung zur Gegenwart hergestellt, denn sie ist als einzige noch bei der heutigen DB in Betrieb, und wir wollen hoffen, daß das noch ein Jahrzehnt so bleibt. Auch sie ist eine wohlproportionierte gediegene Konstruktion, sie verkörpert Kraft und Solidität wie keine andere Ellok. Ihr Hauptmerkmal sind, um einen Ausdruck meiner Mutter zu zitieren, „die langen Schnäbel".

Es ließe sich noch manches erzählen, von der E95 in Dessau, von den Geräuschen im Fahrgastraum des ET65, von mancher alten Elektrotechnik in Holz und Eisen, wie ich sie in Südtirol und in beiden Teilen Berlins noch heute finden kann, aber ich will den Rahmen des Buches nicht überschreiten. Die alten Lokomotiven gibt es fast alle nicht mehr. Sie sind als fühlloses Gerät verschrottet. In uns lebt manche Erinnerung an sie weiter. Viele Fotos dieses Buches lassen in einer für mich überraschenden Dichte eine versunkene Stimmung wiederkehren, die einst überall an der Eisenbahn geherrscht hat, aber damals von wenigen wahrgenommen und noch seltener fotografisch dokumentiert wurde.

Andreas Knipping

Zwei echte Veteranen, die schon in den fünfziger Jahren aus dem Verkehr gezogen wurden: Die Garmischer E62 01 war als einzige ihrer Baureihe noch nach dem 2. Weltkrieg im Einsatz. Das Foto aus der Sammlung U. Montfort zeigt die abgestellte Lok im AW Freimann. Das „Krokodil des Kleinsparers", die mit Akkumulatoren ausgestattete E80, geisterte mit vier Exemplaren bis Anfang der sechziger Jahre auch auf nicht elektrifizierten Gleisen in München herum. Für den Betrieb unter Fahrdraht besaßen die Lok Quecksilberdampf-Gleichrichter. Die langen Schnauzen erinnern an den Speichertriebwagen der Reihe ETA 178. Foto: DB, Slg. H. Günther.

12 Blindwellen und Federtöpfe: Die Autnahmen von K. Pfeiffer aus dem Bw München Hbf zeigen die E63 06, eine Vertreterin der BBC-Variante der E63, und die E04 22. Zum Zeitpunkt der Aufnahme (1958) stand im Bw München Hbf noch die im Hintergrund sichtbare Bekohlungsanlage. Beide Lokomotiven präsentieren sich noch nahezu im Ursprungszustand.

Ein besonders beeindruckendes Bild bot sich in der Haupthalle des Münchner Hauptbahnhofes, wenn eine Reihe von Zügen mit Altbau-Elloks an der Spitze eingefahren waren, die sich dann nebeneinander an den Prellböcken stehend präsentierten. In der abendlichen Bahnhofshalle nahm W. Zeitler im Dezember 1962 die E 18 03 und E 18 24 auf, als die Reisenden die Züge verlassen hatten und der Bahnsteig für einen Augenblick menschenleer war. Dienstpläne mit Bereitstellungs- und Abstellfahrten von Zügen bedeuteten stets den Anfang vom Ende der Ellok-Veteranen. Im November 1966 hielt Dr. R. Löttgers die E 75 04 mit einem bereitgestellten Zug im Bild fest. Die Lok wurde nicht generalüberholt und präsentiert sich somit noch nahezu im Ursprungszustand.

14 Mit einer fremdartig wirkenden italienischen Wagengarnitur wartet die E18 20 am 1.7.1958 auf der oberen Aufnahme von L. Rotthowe auf Ausfahrt aus dem Münchner Hauptbahnhof. Die kantigen italienischen Wagen passen im Baustil eher zu einer der „rollenden elektrischen Festungen" der FS, wie etwa der E 626, als zur eleganten, stromlinienförmigen E18. Ein vertrautes Bild stellt dagegen die untere Szene dar, die P. Melcher aufgenommen hat. Während sich die E04 17 gerade an ihren Zug gesetzt hat, orgelt auf dem Nachbargleis die E32 15 mit einem Abstellzug vorbei. Typisch für die E32 die unorthodoxe Lampen-Ausrüstung mit einer großen und zwei normalen Streckenlaternen.

Dienst am Ablaufberg in Laim gehörte zum Ende ihrer Einsatzzeit zum täglichen Brot der E91. Wegen ihrer Fähigkeit zum gleichmäßigen langsamen Abdrücken der schweren Züge waren die alten Loks in diesem Aufgaben beliebter als die modernen Dieselloks. Am 19.8.1972 nahm W. Bügel die 191 011 am Eselsrücken in Laim auf. Selber auf dem Ablaufberg angekommen, sah es immer so aus, als werde die dreiteilige Lok gleich auseinanderbrechen. „Naseweis" präsentiert sich die Ingolstädter 194 152 am 2.1.80 in Laim Rbf. J. Schweichler hielt die bepuderte Lok mit einer V60 und einer 144 im Bild fest.

Zu den langjährigen Planleistungen der E44 im Raum München gehörte auch die Bespannung der Abstellzüge vom Münchner Hauptbahnhof zum Abstellbahnhof in Pasing. Auf dem obigen Foto vom Mai 1983 erreicht die 144 025 mit einer IC-Leergarnitur Pasing-West. Nur eine Fahrplanperiode gab es die Krokodil-Doppeltraktion auf der Strecke München Ost — Augsburg vor dem Ng 61814 an Sonntagen. Auf dem unteren Foto passiert der Zug den Einschnitt am Nockherberg in München-Giesing. Fotos: B. Brandt

Ein nächtliches Stimmungsfoto mit der Silhouette der 116 018, die gerade die Haupthalle des Münchner Hauptbahnhofes verläßt. Foto: (6.10.1977): B. Eisenschink.

"Die Münchner Gurkenhobel"

Beobachtungen und Erlebnisse im Rangierdienst in München Laim

Aufgefallen waren sie mir ja schon öfter, diese mächtigen grünen, dreiteiligen Klötze, die sich in München auf den Rangierbahnhöfen in Laim und am Ostbahnhof betätigten. Aber erst im Laufe des Jahres 1974 fiel auf, daß sich neben den zahlreichen Dampfloks auch einzelne elektrische Maschinen so nach und nach verabschiedeten und auf dem Lokfriedhof im AW München-Freimann verschwanden. Und so reifte denn der Plan, sich doch einmal näher mit den Maschinen zu beschäftigen. Nach unzähligen Besuchen, die allerdings nur photographischen Zwecken dienten, war es dann endlich soweit. Man kannte die Lokmannschaften und die Lokmannschaften kannten diese merkwürdig hartnäckigen Photographen, die immer wieder fast jeden Tag oder wenigstens einige Tage in der Woche sich insbesondere in Laim auf dem Steg oder an der Ausfahrgruppe West herumtrieben. Eine kurze Aufforderung: „Na, wollt ihr mal mitfahren", und schon war der Führerstand erklettert.
Die E91 100 war die Auserkorene. Der Lokführer, ein blonder, junger Mann, zeigte sich sehr interessiert, alle Details zu erklären. Von der Bedienung her mutete die Maschine gar nicht so altmodisch an. Immerhin, der Fahrschalter wurde nur durch ein kleines Handrad betätigt, das sich waagerecht auf dem Fahrpulte befand, also nicht eine so unhandliche, armkraftraubende Maschinerie wie zum Beispiel bei den E17, E44 oder E94.
Schon ging die Fahrt los. Wir hatten etwa 80 Achsen am Haken, die es auf die Abdrückanlage in Laim West zu ziehen galt. Ein kurzes Brummen und schon zog die mächtige E91 den Zug scheinbar mühelos gen Westen. Nicht ein kleinstes Schleudern — es war schon beeindruckend, was für eine Kraft in dieser Maschine steckte. Nachdem wir das Abdrückstellwerk passiert hatten — Fahrschalter aus — rollten wir langsam auf die Wartegleise hinaus. Mit einem kurzen Ruck blieb der Zug schließlich stehen. Interessanterweise war es bei der E91 praktisch unnötig, die Wagengarnitur luftgebremst zu fahren. In der Regel reichte es aus, wenn ein bis zwei Wagen hinter der Lok mitgebremst wurden. Rund 50 Wagen schaffte die E91 auch mit ihrer Lokbremse alleine zum Stehen zu bringen.
Und dann begann eigentlich das Unangenehme am Verschiebedienst. Es passierte nämlich erst einmal nichts. Man stand und wartete und wartete. Sehnsüchtige Blicke auf das Abdrücksignal, aber nichts tat sich. Dann, Bewegung am Horizont. Eine weitere Maschine, E91 11, eine alte Bayerin, tauchte auf, ebenfalls mit 60 bis 70 Achsen am Haken, zog auf unser Nebengleis, um etwa in gleicher Höhe stehen zu bleiben. Zwischen den Lokmannschaften wurden freundschaftliche Grüße ausgetauscht, allenthalben Scherze, doch schon kam über die Lautsprecher die Aufforderung: „RA2 abdrücken, RA2 abdrücken." Das waren natürlich nicht wir. Gemeinerweise mußten wir also jetzt noch eine Viertelstunde warten, bis die andere Garnitur fertig in die einzelnen Richtungsgleise verteilt war. Aber nun gut. Die Zeit konnte mit einem informativen, ausgiebigen Besuch des Maschinenraums genutzt werden. Beeindruckend war hier vor allen Dingen, wie kompakt alles gebaut war — eine Maschine, die sich für den schweren Rangierdienst als durchaus geeignet erwies. Neuere Maschinen bei der Bundesbahn zeigten im schweren Verschiebedienst ziemlich starke Verschleißerscheinungen, insbesondere im Rahmenbereich. Bis zum Auftauchen der V90 gab es in München daher keinen brauchbaren Ersatz für die E91.
Inzwischen zeigte ein Blick Richtung Stellwerk, daß die E91 11 den Ablaufberg erreicht hatte. Nun würde es wohl bald losgehen. Unterhalb der Abdrückwartegleise zog eine E18 einen Schnellzug gen Regensburg. Die 118 037 war es, noch mit alten Lampen und in schöner dunkelblauer Lackierung und Silberstreifen.

Doch endlich war es soweit. Der Lautsprecher ertönte: „RA1 abdrücken, RA1 abdrücken."
Das Abdrücksignal zeigte nun „Ra7" und mäßig schnell setzte sich unsere E91 in Bewegung. 2. Fahrstufe, 3. Fahrstufe, 4. Fahrstufe, doch plötzlich ein aufmerkender Blick des Lokführers. Da stimmte doch etwas nicht! Die Maschine schaltete nicht weiter auf. „Tja", meinte der Lokführer, „das kommt bei den alten Karren öfters mal vor. Da ist wieder ein Schütz hängengeblieben". Fahrschalter aus; wir rollten langsam weiter dahin. „Hier, drück doch mal die Sifa-Taste; das haben wir gleich", meinte der Lokführer, packte einen Holzhammer, den er aus seinem

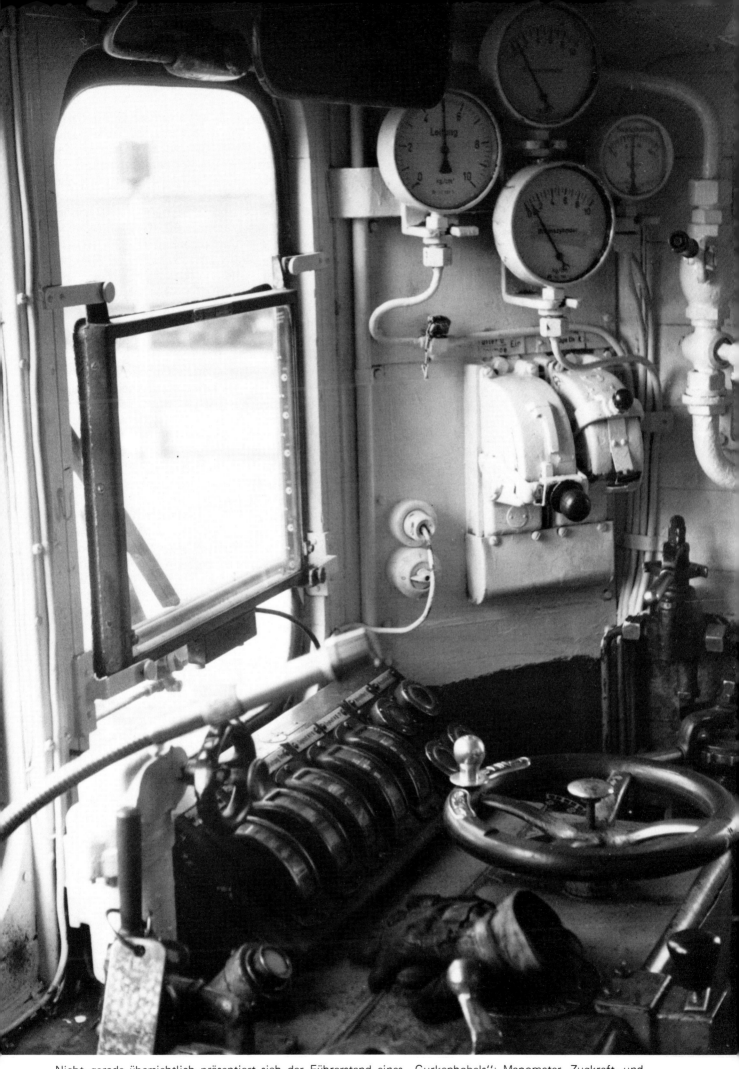

Nicht gerade übersichtlich präsentiert sich der Führerstand eines „Gurkenhobels": Manometer, Zugkraft- und Spannungsmeßgeräte, das Handrad zum Betätigen des Schaltwerks und das Bremsventil sind die wichtigsten „Einrichtungsgegenstände" dieses Arbeitsplatzes. Foto: A. Braun

Bordwerkzeugkasten herausholte und eilte in den Maschinenraum. Einige gezielte, kräftige Hammerschläge und schon war das festgebackene Schütz wieder getrennt. Probeweise wurden nun 6, 7, 8 Fahrstufen aufgeschaltet, doch alles funktionierte wieder einwandfrei. „Das war halt noch a Technik", meinte der Meister, „da konnt' ma noch was reparieren, aber heut auf 'ner 103, wenn da mal was passiert, da stehst machtlos vis a vis."

Inzwischen hatten wir den Ablaufberg erreicht, die letzten Wagen rollten in die Richtungsgruppe und schon eilte ein Rangierer herbei: „Auf gehts, wir müssen in den Containerbahnhof." Das war natürlich was besonderes, denn Leistungen über die Friedenheimer Brücke hinaus, Richtung Stadtmitte, zählten zu den Seltenheiten.

Schon leuchteten die Rangiersignale uns die freie Fahrstraße Richtung Stadtmitte. Da meinte der Meister ganz unverhohlen, mit einem Grinsen im Mundwinkel: „So, jetzt werd ich euch mal zeigen, was der alte Schlitten noch z'sambringt." Wir rumpelten über die Weichengruppen und dann auf Gleis 5 durch den Laimer Rangierbahnhof. Das Besondere an der Sache: Alle Fahrstufen waren aufgeschaltet und mit 55 km/h ging es durch den Bahnhof. Erstaunlich, daß die bei 25 - 30 km/h noch recht deutlich zu merkenden Zuckbewegungen, die von den zwei separaten Triebwerksgruppen herrührten, bei etwa 50 km/h völlig verschwunden waren. Je schneller die Maschinen fuhren, desto ruhiger liefen sie. Langsam rollten wir unter der alten Friedenheimer Brücke durch, die ja im Jahre 1984 abgerissen und durch einen Neubau ersetzt wurde.

Da stand ja auch schon unser Containerzug in der Vorstellgruppe Nord, 30 Achsen, also ein leichtes Spiel für die E91. Mit sanftem Ruck setzten wir uns vor den Zug, ankuppeln, Bremsprobe und ab gings wieder zurück nach Laim Rbf.

Doch schon rund 3 Monate später gehörte der Rangierbetrieb mit E91-Loks in München endgültig der Vergangenheit an. Die 191 011 hatte sich schon am 12.3.75 vom Betriebsdienst verabschiedet.

Am 1.5. folgte ihr die 191 101, am 8.5. die 191 099. Schon sprachen die Insider davon, zum Fahrplanwechsel sei endgültig Schluß mit dem Einsatz der E91. Aber noch fuhr die 191 100.

Am 11.5. hatte man nochmals Gelegenheit, die mächtige Maschine im Rangierdienst zu beobachten, doch schon einen Tag später verbreitete sich die traurige Kunde wie ein Lauffeuer: Die Z-Stellung stand unmittelbar bevor, nachdem die Maschine in der Nacht vom 11. auf 12. ein warmes Stangenlager bekommen hatte. Sie fuhr zwar noch mit eigener Kraft ins BW München-Ost, doch dort wurde dann festgestellt, die Maschine hätte nach Freimann überführt werden müssen, und das bedeutete zu diesem Zeitpunkt bereits das Todesurteil für jede Maschine. Und prompt folgte ihre Z-Stellung zum 17.5.1975. Am 27.11. wurde sie dann zusammen mit der 191 099 als letzte E91 ausgemustert.

Andreas Braun

Begegnung zweier Veteranen: Links die E13 11 mit Buchli-Antrieb (auf der hier nicht sichtbaren Lokseite), die insbesondere durch ihr klassisch ebenmäßiges Design auffällt, und rechts daneben E70 51, bereits mit Dreilicht-Spitzensignal und eingebautem Gepäck-Abteil.

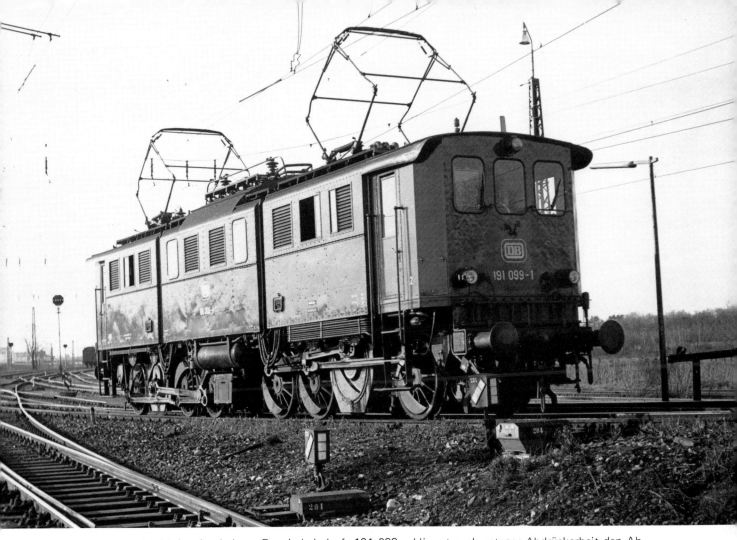

„Gurkenhobel" in Aktion im Laimer Rangierbahnhof: 191 099 erklimmt nach getaner Abdrückarbeit den Ablaufberg. Im Gegensatz zur preußischen E91 99 kann die E91 11 mit bayerischer Herkunft aufwarten; der Vergleich der beiden Fotos zeigt die noch verbliebenen Bauartunterschiede wie z. B. die ehemalige Übergangstüre im Führerstand der E91 11. Die Aufnahme entstand am 8.3.75, dem letzten Einsatztag der Lok. Foto: A. Braun

22 Typisch für die Strecke München — Garmisch waren die Schrankenposten, die längst durch automatische Halbschranken ersetzt sind. Auf dem Foto von R. Birzer vom 16.9.1962 winkt die Schrankenwärtertin dem Lokführer der E18 30 zu, die an diesem Tag den E 660 führt. Die Aufnahme zeigt den Posten 12 bei Polling. Die modellbahnartige S-Kurve bei Eschenlohe ist Schauplatz des unteren Fotos von C.J. Schulze. 118 051 verläßt mit einem Eilzug nach München das Gebirge und wird gleich die Station Eschenlohe mit dem berühmten Hartsteinwerk „Werdenfels" passieren, das — glaubt man alteingesessenen Werdenfelsern — die gesamte Bundesbahn „beschottert".

Regelmäßig wagten sich die Garmischer E60 hinaus auf die freie Strecke, um in den um Murnau oder Weilheim liegenden Ortschaften Güterwagen einzusammeln und diese an einen der beiden erwähnten Bahnhöfe zu bringen. Am 11.2.1977, als C.J. Schulze diese Fuhre mit 160 010 bei Ohlstadt fotografierte, gab es aber offensichtlich nur wenig Fracht. Die Stangellok-Schwestern E32 kamen schon lange nicht mehr planmäßig auf die Garmischer Strecke, als F. Lüdecke im Oktober 1968 die E32 12 im Bauzugdienst in Possenhofen aufstöberte. Die Bierflaschen auf den Kisten links im Bild haben übrigens noch die damals üblichen Schnappverschlüsse.

Kurzschluß in Penzberg

Zum Sommerfahrplan 1975 wurde das Nahgüterzug- / Übergabezugpaar Weilheim — Tutzing — Penzberg — Kochel wieder mit einer Garmischer E60 bespannt, nachdem dieser Dienst einige Jahre lang die Aufgabe einer V60 gewesen war. An einem heißen Augusttag begab ich mich nach Penzberg um den Streckeneinsatz der E60 auf der landschaftlich wunderschönen, speziell im Abschnitt Penzberg — Kochel jedoch nach wie vor stark einstellungsbedrohten Strecke zu fotografieren. Gerade im Sommer 1975 hielten sich hartnäckige Stillegungsgerüchte bezüglich der Kochler Strecke und so war es für einen Fotoausflug höchste Zeit.

Die Kohlenzeche in Penzberg war zwar schon lange stillgelegt, aber das Kesselhaus des alten Kraftwerkes stand noch und gab im Güterbahnhof Penzberg, der über eine Stichstrecke und ein Gleisdreieck mit der eigentlichen Bahnstrecke Tutzing — Kochel verbunden ist, einen eindrucksvollen Hintergrund ab. Da auf dem ehemaligen Bergwerksgelände damals noch einige Firmen angesiedelt waren, gab es für die E60 einiges zu rangieren, was sowohl auf der Hinfahrt als auch auf der Rückfahrt ausgiebig getan wurde. Ein Nachteil für die E60 bestand darin, daß nicht alle Gleise des Penzberger Güterbahnhofes elektrifiziert waren. Rangiermanöver in diese Gleise erforderten von der Zugmannschaft besondere Umsicht. Damit hatte es allerdings an jenem Tage seine Tücken, wie sich bald zeigen sollte.

Sowohl die Rangierer als auch der Lokführer waren wohl noch sehr an den Rangierbetrieb mit der Diesellok gewöhnt. Die E60 sollte eine Garnitur offener Güterwagen auf ein nicht mit Oberleitung überspanntes Gleis drücken. Die Rangierer hatten ganz vergessen, daß eine Ellok am Zug war, und ließen den Zug bis an den Prellbock drücken. Der Lokführer seinerseits konzentrierte sich ganz auf die Signale der Rangierer am Zugende, so daß er das Signal El 6 „Halt für Fahrzeuge mit Stromabnehmern", das vor der Einfahrt in dieses Gleis warnte, ganz übersah. So kam, was kommen mußte: Der Stromabnehmer erreichte das Ende der Fahrleitung, schnellte in die Höhe, berührte den geerdeten Teil des nächsten Auslegers, erzeugte mit grellem Blitz einen satten Erdschluß, riß den Ausleger ein Stück mit und fiel schließlich nach hinten umgebogen auf das Dach der E60, die samt den Wagen noch ein Stück auf dem Gleis ohne Oberleitung ausrollte.

Noch während die Zugmannschaft verduzt den Schaden begutachtete, kam bereits die telefonische Anfrage des Unterwerks nach der Ursache des Erdschlusses. Das Unterwerk wurde zwar mit einer Ausrede abgespeist, aber nun war guter Rat teuer. Ein Anruf in Weilheim mit der Bitte um Stellung einer Hilfslok und bei der Fahrleitungsmeisterei um Behebung des Schadens hätte den Vorfall offiziell gemacht. Ohne Rüffel wäre das nicht abgegangen. Also wurde fieberhaft nach einem Ausweg gesucht. Zum Glück besann sich der Stellwerker (Penzberg Gbf war damals noch besetzt), daß zufällig gerade an diesem Tag ein Turmwagen in Benediktbeuren zu irgend welchen Fahrleitungsarbeiten sei. Ein Anruf in Benediktbeuren bestätigte dies und die Mannschaft des Turmwagens versprach, nach Abschluß der Arbeiten nach Penzberg Gbf zu kommen und zu helfen.

Nach einer Wartezeit von eineinhalb Stunden, die allen Beteiligten endlos erschien, kam der mit bangem Hoffen erwartete Turmwagen. Bei einer ersten Begutachtung erwies sich der angerichtete Schaden zum Glück als gering und schnell waren sich alle darüber einig, daß die Sache unter der Hand repariert wurde und niemand höherenorts darüber etwas erfahren sollte. Der verbogene Mastausleger wurde mit einem Ende in den Gittermast gesteckt und so mit vereinten Kräften wieder gerade gebogen. Auch der Schaden am Stromabnehmer der E60 war schnell behoben: Die verbogenen Teile wurden mittels eines Hemmschuhes wieder gerade geklopft. Zu guter letzt wurde die E60 vom Turmwagen wieder unter die Fahrleitung geschleppt. Dann verabschiedete sich die Mannschaft des Turmwagens mit der eindringlichen Mahnung, bei der Weiterfahrt darauf zu achten, ob der Stromabnehmer wirklich in Ordnung sei, damit nicht noch mehr Fahrleitung heruntergerissen würde.

Einer Weiterfahrt des Güterzuges nach Kochel stand damit nichts mehr im Wege. Die Befürchtung der Turmwagenmannschaft bewahrheitete sich nicht, es wurde kein Fahrdraht mehr abgerissen.

Bis heute hat niemand von diesem Vorfall erfahren. Da die ganze Geschichte wohl verjährt ist, dürfte die Erzählung für die Beteiligten folgenlos bleiben, hoffe ich wenigstens.

Claus-Jürgen Schulze

Nochmals zwei E60-Fotos, die die Loks auf „großer Fahrt" zeigen: Die in Weilheim Dienst tuende E60 hatte auch den Übergabeverkehr nach Kochel im Programm, der über Tutzing — Penzberg abgewickelt wurde. K.H. Sprich lauerte im Wald bei Kochel am 11.7.1977 der 160 002 auf, die mit dem einen Güterwagen sicher keine Probleme hatte. Fast schon einen richtigen Güterzug hat dagegen die 160 008 am 4.1.1978 im Schlepp, die vom Murnauer Exil nach Weilheim unterwegs ist. Die Aufnahme von R. Gänsfuß entstand zwischen Uffing und Huglfing im tiefsten Knödelbayern.

Ein Kuriosum bildet die Strecke Weilheim — Peißenberg, die seit 1925 elektrisch betrieben wurde. Grund dafür war der Kohlebergbau in Peißenberg, der zum erheblichen Teil für die Auslastung der Strecke sorgte. Der Bergbau ist inzwischen längst eingestellt und auch der Fahrdraht hängt nicht mehr. Im August 1962 wartet die Rosenheimer E75 11 aber noch mit einem Kohlenzug in Peißenberg auf die Abfahrt nach Laim. Mit einem Mini-Personen-Zug ist dieselbe Lok am 18.8 1962 bei Weilheim unterwegs. Auf die Garnitur bayerischer Personenwagen muß wohl nicht besonders hingewiesen werden. Fotos: R. Birzer

„Gast in Bayern": Dieser Aufkleber des Bayerischen Fremdenverkehrsamtes klebte an einer der Türen der 163 002, als die im Sommer 1978 kurze Zeit beim Bw Garmisch Dienst tat. Unter Eisenbahnfreunden war es schon eine kleine Sensation, als die seit 1935 in Stuttgart beheimatete Lok nach einem halbjährigen Abstell-Aufenthalt in Augsburg nach Oberbayern versetzt wurde. Von zwei bayerischen Flügelsignalen flankiert, posiert die Lok im Juli 1978 im Bahnhof Garmisch-Partenkirchen vor dem Wettersteinmassiv. Foto: B. Brandt

Jahrelang auf den von Garmisch ausgehenden Strecken im Einsatz, gehören die Lokomotiven der Reihe E44 ebenso zu Oberbayern wie Knödel und Heuschober. Ein klassischer E44-Personenzug kommt dem Fotografen R.R. Rossberg vor dem Panorama der Zugspitze und der Waxensteine entgegen, aufgenommen bei Garmisch. Nicht minder klassisch war auch der E44-Einsatz vor dem werktäglichen Güterzug nach Reutte, den M. Waidelich am 26.7.78 fotografierte. Wegen der beachtlichen Steigung wurde fast immer mit einer ÖBB-Vorspannlok gefahren, hier mit der 1020.12. Hinter der 144 laufen einige in Österreich noch häufiger zu sehende Güterwagen der Bauart „Oppeln" mit.

Einige Jahre waren auch E32 in Garmisch beheimatet. Mit dem P 2776 kommt die E32 25 dem Fotografen P. Ramsenthaler entgegen (1952). Der etwas deplaziert rechts stehende Fahrleitungsmast gehört zum Gleis der Zugspitzbahn.

Der letzte Umlauf der 169 sah die Bespannung des unter Eisenbahnfreunden berühmten GmP nach Griesen vor. Am 29.8.1981 war es — wie fast immer — ein reiner Personen„zug", den hier die 169 002 die Loisach bei Griesen entlangschleppt. Auch Pfarrer Kneipp hätte an diesem Fotostandpunkt seine Freude gehabt, war er doch nur durch die kalte Loisach zu erreichen. Foto: B. Brandt

Ausnahmsweise einmal einen echten GmP (spitze Zungen übersetzen dies mit „Güterzug mit Personalbeförderung") hat die 169 003 am 19.6.1981 am Haken. Die wiederkäuenden Kühe lassen sich dadurch allerdings nicht aus der Ruhe bringen. Foto: B. Brandt

Im September 1977 war die Strecke Garmisch-Partenkirchen noch fest in der Hand der E44, die auch den schon erwähnten GmP nach Griesen bespannte. Im Loisachtal ist die 144 002 mit einem sehenswerten Steuerwagen unterwegs. Den typisch österreichischen Güterzug-Begleitwagen führt der Güterzug Reutte — Garmisch — Innsbruck mit, der auf dem unteren Foto das Gefälle bei Heiterwang-Plansee hinabrollt (April 1985). Fotos: B. Brandt

Doppeltraktion mit ÖBB- und DB-Elektrolok-Veteran: Bis in die siebziger Jahre war die Kombination aus 1145 und E44 vor dem schon erwähnten Güterzug nach Reutte Standard. Hier kommt der Zug vor dem Hintergrund der Zugspitze bei Ehrwald um die Kurve. Für die Personenzüge reichte die 144 allein aus. Ebenfalls vor dem Panorama der Zugspitze — hier freilich in voller Lebensgröße — verläßt die 144 060 den Bahnhof Lermoos. Die Fotos von C.J. Schulze entstanden am 4.9.1973.

Auch auf der Strecke nach Mittenwald waren lange Jahre Garmischer E44 im Einsatz. Mit ihrem kurzen Übergabezug hat die 144 060 am 15.9.1977 gerade die Schmalenseehöhe zwischen Mittenwald und Klais erklommen. Vergleichsweise kurze Zeit waren dagegen die E18 auf der kurven- und steigungsreichen Strecke im Einsatz. Am 16.5.1974 hat die 118 024 mit dem N 2256 gerade Mittenwald verlassen. Fotos: B. Brandt (oben), C.J. Schulze (unten).

Einige Streckenkilometer weiter entstand die Aufnahme von B. Brandt, die eine 144 mit ihrem Personenzug nach Garmisch vor dem Karwendelmassiv zeigt. (15.9.1977).

In den Buckelwiesen bei Klais konnte man regelmäßig auch bei strengem Frost auf Krokodil-Pirsch gehen. Am 24.1.81 ist die 194 121 mit dem N 5428 vor dem winterlich verschneiten Karwendelmassiv unterwegs, aufgenommen von C.J. Schulze. Abendstimmung spiegelt das untere Bild wieder, auf dem die 194 112 am 19.2.1985 einen Güterzug in Richtung Mittenwald führt. Typisch für österreichische Güterzüge der Güterzug-Begleitwagen, hier ein relativ seltener Vierachser. Der hinter der Lok mitfahrende Güterwagen Bauart „Oppeln" hat übrigens eine durchgehende Heizleitung. Foto: B. Brandt

Nach tagelangen Schneefällen versank Oberbayern am 20.2.1978 in der weißen Pracht. Im Bahnhof Murnau waren die Gleise nur notdürftig geräumt, so daß sich die 144 060 ihren Weg durch die Schneemassen erst bahnen muß. Foto: B. Brandt

Bayerische Lokalbahnatmosphäre: Wer dieses Phänomen studieren wollte, der war an der Strecke Murnau-Oberammergau richtig. Nicht ganz unschuldig an der gemütvollen Betriebsabwicklung waren allerdings die kleinen Elektroloks der Baureihe E69, die seit jeher — abgesehen von einigen Exiljahren in Heidelberg — zu ihrer Stammstrecke gehörten. Auf dem Foto von J. Hagemann vom August 1953 ist noch ein echter Localbahn-Zug zu sehen, wie er auch in den Geschichten von Ludwig Thoma vorkommen könnte. Gleich hinter der E69 02 läuft ein Postwagen mit, gefolgt von vier Lokalbahn-Personenwagen. Zum Zeitpunkt der Aufnahme wurde die Strecke noch mit 6 kV betrieben. Die Fahrleitung ist aber bereits für 15 kV vorbereitet. Trotz Silberling-Garnitur hat die Strecke auch 1977 noch ihren Reiz, wie die stimmungsvolle Aufnahme von C.J. Schulze mit der 169 004 beweist, die Lok und Zug in der Scherenau zeigt.

Oberammergauer G'schichten

Pünktlich

Auf den ersten Blick verwundert es: Obwohl die letzten zwei in Oberammergau ankommenden Züge die knappesten Fahrzeiten hatten, waren sie immer die pünktlichsten. Kaum ein Tag, an dem sie nicht mit einer oder zwei Minuten Verfrühung ankamen. Aber die Erklärung war schlicht und einfach und mit einem Wort zu sagen, nämlich ‚Dienstschluß'!

Winterfahrt

Besonders interessante Betriebssituationen ergaben sich auf der Oberammergauer Strecke immer bei starkem Schneefall. Da kam es zum Beispiel öfters vor, daß bei der Bergfahrt in Jägerhaus kein Halt möglich war, weil der Zug nicht mehr weggekommen wäre.

Besonders eindrucksvoll war die Zeit vom 16. bis 19.02.1978. Am 16.2. etwa 11 Uhr begann es zu schneien, um etwa 16 Uhr lagen bereits 50 cm Schnee. Alle Züge hatten Verspätung, einige wurden sogar mit 144 statt 169 gefahren, weil sich die schwereren Loks besser durch die Schneemassen kämpfen konnten. Am Abend des 17.2. hatte die Schneedecke bereits die Höhe von etwa 1.10 m erreicht und in der darauffolgenden Nacht gab es nochmals 20 cm Neuschnee.

Unter diesen Bedingungen fuhren wir am 18.2. um 6.03 Uhr pünktlich mit 169 002 in Oberammergau ab. Der Lokführer war zuvor schon mit der Lok allein ein paar Meter gefahren, damit er auf dem dadurch geräumten Gleis einigermaßen beschleunigen konnte. Doch bereits auf der Höhe der Ausfahrsignale blieben wir stecken. Also zurück zum Prellbock und mit vollem Dampf beschleunigen. Mit Hängen und Würgen kriechen wir die Steigung aus dem Bahnhof hinaus. Die Schneemassen, die die Lok vor sich herschob, schwabbten zum Teil über den vorderen Vorbau! Unterammergau verließen wir mit 5 Minuten Verspätung und in Altenau ging es mit nur noch 3 Minuten Verspätung weiter. Aber nun kommt der härteste Brocken. Vom Bf. Altenau geht es direkt in die Steigung, hinauf auf 875 Meter, der höchsten Stelle der Bahn. Außerdem quert die Bahnstrecke eine Straße, die geräumt wurde und daher seitlich zusätzlichen Schnee in die Bahn warf. Also los geht's. Ganz langsam rollte der Zug in die Steigung, schleudert immer wieder. Also zurück. Bis hinter Altenau nimmt der Lokführer Anlauf. Wir passieren den Bahnhof Altenau zum zweiten Mal um 6.21 Uhr mit mittlerweile 7 Minuten Verspätung und mit mehr als 50 km/h. Auch am Anfang der Steigung läuft es gut, der Zug wird nur unmerklich langsamer. Aber in der langgezogenen Kurve hinter Altenau fällt die Tachonadel auf 30, auf 20, auf 10 km/h. Nur noch im Schrittempo nähern wir uns dem Bahnübergang. Da wenn wir drüben sind, haben wir das ärgste hinter uns!. Es sieht gut aus, die Lok hält das Tempo. Aber in den schweren, aufgeworfenen Schneemassen der geräumten Straße ist es aus. Die Lok schleudert und wackelt und bleibt schließlich stehen. Wieder zurück, wieder weit hinter Altenau. Die dritte Altenau-Durchfahrt wird um 6.27 (+ 13) registriert und diesmal besiegt die wackere Zweier auch die Straße und plagt sich weiter die Steigung hinauf, bis es hinter dem Scheitelpunkt nach Saulgrub hinunter geht, das wir um 6.34 Uhr mit einer Verspätung von 15 Minuten verlassen wollten, was aber erst um 06.35 Uhr im zweiten Anlauf gelingt. In Kohlgrub fahren wir mit +17 ab. Auch wenn Jägerhaus diesmal im Gefälle liegt, gehalten wird nicht, weil man mit 19 Minuten Verspätung nicht so kleinlich sein kann. Nach einer Stunde und einer Minute Fahrzeit sind wir am Ende einer beeindruckenden Fahrt in Murnau.

Aber der Tag sollte noch Opfer fordern: Während in München mehr als 25 420 wegen Flugschnees ihren Geist aufgaben, erwischte es bei uns 169 003 und 160 001 mit Motorschäden. Für 169 003 bedeutete dies 2 Monate Pause, für die 160 001 aber die Ausmusterung.

Trompetenklänge

Auch sowas gibt's. Einer unserer Lokführer, der Herr Furtner, ist Musiker bei den ‚Furtner-Buam'. Mit einem Stück schien er Schwierigkeiten zu haben. Zeit zum Üben war auch nicht, weil er auch noch ‚lokführern' mußte. Was lag also näher, als die Trompete mit in die Lok zu nehmen und bei Gelegenheit ein biß-

Winter an der Strecke Murnau-Oberammergau und damit Gelegenheit für besonders stimmungsvolle Aufnahmen. Am 9.12.1980 mußten sich die E69 den Weg durch den Neuschnee bahnen. Oben ist die 169 003 bei Bad Kohlgrub unterwegs, unten führt die 169 005 den Güterzug nach Oberammergau, fotografiert bei Unterammergau. Fotos: D. Kempf

chen zu üben. Als er in Oberammergau den N6621 mit 169 004 umsetzte, war's soweit: Aus dem geöffneten Seitenfenster der Lok ragte eine Trompete und der Herr Furtner schmetterte einen schneidigen Marsch in die Natur hinaus.

Hoffentlich hat's dann auch geklappt, das Stück.

Tennis

Der fährt heute ja wie der Teufel. Rein in den Bahnhof mit Volldampf, dann volle Beschleunigung, bestimmt nicht nur auf 50 km/h.

In Oberammergau hat der Zug dann 4 Minuten Verfrühung. Darauf angesprochen, hatte der Lokführer (unser Bester) eine ganz simple Erklärung parat: ‚Ja mei, i hob oan in da Lok, der muaß um zwoa beim Tennisspuin sei, drum hat's a bisserl pressiert'.

Planankunft wäre übrigens um 14.06 Uhr gewesen.

Verfluchte Technik

Nicht nur den Oberammergauer Hoteliers brachten die Passionsspiele 1980 einen Batzen Geld, auch der Oberammergauer Bahnhof sollte von den Spielen etwas abhaben. Und so wurde am 10. Mai 1980 in Oberammergau die erste und einzige elektrische Weiche eingeweiht.

Aber wie das halt immer so ist, die Technik bringt auch so manche Schwierigkeiten. Bei der Weiche handelt es sich um ebendiese, die beim Umsetzen der Züge ‚im Mittelpunkt' steht.

Der Zug setzt hinter die Weiche, die Lok wird abgekuppelt, die Weiche wird umgestellt, die Lok fährt über die Weiche, die dann wieder umgestellt wird. Nun löst der Schaffner im Zug die Handbremse der Wagen, die somit in den abschüssigen Bahnhof rollten, bis sie der Schaffner vor dem Prellbock zum Stehen bringt. (Oder auch nicht!). Hier wird verständlich warum der Schaffner ‚Zugführer' ist.

Inzwischen fährt die Lok wieder über die Weiche und dann zurück zu ihrem Zug. Vor der Modernisierung waren zu diesem Rangiervorgang 3 Leute notwendig: Lokführer, Schaffner und Bahnhofsvorsteher (als Rangierer — Einmannbetrieb!). Nun aber konnte der Bahnhofsvorstand in seinem Bahnhof bleiben und der Rangierzeremonie aus der Ferne beiwohnen, brauchte die Weiche nur noch fernbedient zu stellen. Bloß tat er das nicht! Da schien es irgendwelche Verständigungsschwierigkeiten zu geben. Nachdem der Zug hinter die Weiche gedrückt wurde, stand er da und wartete, daß diese umgestellt wird. Wurde sie aber nicht! Also pfeift man. Einmal, zweimal. Jetzt endlich. Die Lok fährt drüber. Nun muß die Weiche wieder zurück. Rührt sich aber nix. Pfeift man wieder, einmal, zweimal, dreimal. Und ‚schon' wird die Weiche umgestellt, die Wagen können in den Bahnhof rollen.

Daß die zwei folgenden Weichenstellungen auch der Pfeife bedurften, braucht nicht extra herausgestellt werden. Ein akkustisch recht interessantes Schauspiel war also in den nächsten Tagen geboten. Pro Rangierfahrt, etwa 8 - 10 Mal Pfeifen und das 12x täglich.

Mit der Zeit aber schien man auch in Oberammergau mit der Technik fertig zu werden und die Sache zu beherrschen. Unterdessen aber fuhren eh schon die Wendezüge, mit denen ja sowieso nicht mehr umgesetzt wurde.

Diese Geschichten entnahmen wir mit freundlicher Genehmigung der Sonderausgabe ,,963-G'schichten" des DB-Journals von B. Mühlstraßer.

Die seinerzeit älteste Lokomotive der Bundesbahn hat B. Mühlstraßer in ihrer typischen Umgebung aufgenommen. Am 17.5.1981 passierte die 169 002 mit ihrem Güterwagen gerade den markanten Zwiebelturm der Pfarrkirche von Unterammergau. Vor dem Hintergrund der Ammergauer Berge zieht dieselbe Lok einen Tag später ihren Personenzug durch die moorigen Wiesen bei Saulgrub.

Den Reiz der elektrischen Eisenbahn zu dokumentierten, ist die Absicht dieses Buches. Dazu gehören Bilderbuch-Personenzüge wie diese hier: Mit Donnerbüchsen 2. und 3. Klasse und dem dazu gehörigen Packwagen hat die E44 509 gerade Salzburg verlassen. Die per Holzklasse reisenden Fahrgäste des ersten Wagens haben fast alle die Fenster heruntergelassen und genießen die Fahrt durch den schönen Sommertag. Das Foto von H. Navé entstand am 16.7.1953. Winterlich geht es auf der Aufnahme von K. Pfeiffer zu, das die E16 09 mit einer stilreinen Garnitur bei Bergen/Obb. zeigt, fotografiert 1962. Am Zugschluß läuft ein vierachsiger Packwagen mit Oberlichten mit.

Zwischenaufenthalt: Der von der gut gepflegten E94 158 geführte Personenzug ist gerade in Prien eingetroffen und überholt dort den Anschluß-Schienenbus nach Aschau. Eiliger hat es dagegen die E18 045 mit ihrem langen Schnellzug, die soeben den Bahnhof Traunstein verläßt. Beide Fotos stammen von K. Pfeiffer (ca. 1958).

Die klassische Zuggarnitur der E16 bestand in den letzten Einsatzjahren aus den doppeltürigen Eilzugwagen der Einheitsbauart 30. Mit solchen Wagen und dem ebenfalls traditionellen Behelfspackwagen legt sich 116 009 bei Traunstein und unten bei Aubenhausen in die Kurve. Die Fotos stammen von B. Wollny (oben) und A. Braun (unten).

Nochmals eine typische E16-Garnitur: C.J. Schulze hielt die fotogene Zugkomposition des N 45 38 am 9.10.1976 vor der Kampenwand im Bild fest. Zuglok war 116 018. Mit eiliger Fracht rollt auf der unteren Aufnahme von D. Kempf die 194 107 durch Oberbayern. Von dem Foto-Standpunkt bei Traunstein läßt sich der Durchgangs-Güterzug in voller Länge überblicken.

Mit Blindwellen konnte lange Jahre lang auch das Bw Freilassing aufwarten, wo einige Exemplare der E60 im Rangier- und Übergabedienst zu sehen und zu hören waren. Extrem „langschnäbelig" erscheint die E60 11 auf dem Porträt, das K. Pfeiffer 1958 von der noch im Ursprungszustand befindlichen Lok anfertigte. Regelmäßig kamen die E60 auch nach Salzburg, wo H. Fritz am 19.9.1970 die Begegnung der 160 003 mit dem eleganten Transalpin 4010.07 aufnahm.

Stangenellok-Impressionen aus Oberbayern: Zwei seltene Aufnahmen, die den Einsatz der E52 und der E75 auf der Strecke Kufstein — Rosenheim dokumentieren, stellte uns H. Röth zur Verfügung. Oben orgelt die E52 33 gerade am bayerischen Einfahrtsignal von Brannenburg vorbei. Auch die Wagengarnitur enthält einige bayerische Dreiachser. Der Güterzug, mit dem die E75 52 am selben Tag (19.5.58) gerade Brannenburg verläßt, führt neben dem damals obligaten Güterzugbegleitwagen auch einige spitzgiebelige italienische Waggons mit.

In den fünfziger Jahren gehörten auch Schnellzugleistungen zu den Plandiensten der E04. Auf dem Foto von J. Hagemann legt sich die E04 18 mit ihrem aus Verona kommenden Schnellzug in die Kurve. An der links hinter dem Turmmast der Fahrleitung herausschauenden Festung Kufstein ist der Aufnahmeort auszumachen. Im Speisewagen hat der Chefkoch offensichtlich gerade ordentlich im Küchenherd eingeheizt, so daß der Qualm aus dem Fenster abzieht. Weiter nördlich in Richtung Rosenheim, nämlich bei Flintsbach, fotografierte F. Lüdecke am 10.1.1974 den von einer 144 geführten Güterzug. An den Abluftkaminen auf dem Dach ist zu erkennen, daß diese Lok früher mit Widerstandsbremse ausgerüstet wurde, die aber stillgelegt wurde.

Bundesbahn-Altbauelloks kamen im grenzüberschreitenden Verkehr auch auf ÖBB-Strecken zum Einsatz. Eine der Haupteinsatzstrecken der E94 war die Brennerbahn, auf der C.J. Schulze die E94 fotografierte, die bei St. Jodok mit ihrem Güterzug talwärts rollt. Im Sommerfahrplan 1970 kamen bis Innsbruck auch DB-E18 zum Einsatz, wobei der Tirol-Expreß 1284/1285 bespannt wurde. Am 6.6.1970 fotografierte F. Fritz die Wendelok 118 013 vor dem Panorama der Nordkette in Innsbruck.

50 Die Stichbahn Traunstein — Ruhpolding darf wohl als ideale Einsatzstrecke der E44 mit Wendezugsteuerung gelten, da auf dieser elektrifizierten Nebenbahn fast nur Personenzüge verkehren und das Umsetzen der Lok bei Wendezügen entfällt. Dementsprechend bestimmten die E44 G (= geschobener Zug) hier lange Jahre das Bild. Am 21.6.1962 schiebt die E44 096 G einen Personenzug aus Dreiachser-Umbauwagen am Hp 0 zeigenden bayerischen Flügelsignal in den Bahnhof Traunstein. Neben dem guten Pflegezustand der Lok ist auch das am Fuß des Signals rechtwinklig kreuzende Anschlußgleis bemerkenswert. Wie gut sich die Bahnlinie in das Landschaftsbild einfügt, zeigt die untere, bei Eisenärzt entstandene Aufnahme, die die 144 185 am 23.5.1979 mit ihrem Nahverkehrszug am Ufer der weißen Traun zeigt. Fotos: K. Pfeiffer (oben) und D. Kempf (unten).

Ende der fünfziger Jahre war in Berchtesgaden noch ein besonders seltenes „Krokodil" im Dienst, das allerdings weit weniger eindrucksvoll aussieht als die „langschnäbeligen" E94. Die Aufnahme von J. Claus zeigt die E170 01, eine Lok mit Akkumulatorantrieb, die bereits von der Preußischen Staatsbahn für die Spandauer Hafenbahn beschafft worden war und die es nach wechselvollem Schicksal in den Rupertiwinkel verschlagen hatte. Unten die altbewährte, fein herausgeputzte E44 506, die gegenüber der E 170 den Eindruck robuster Zuverlässigkeit vermittelt (Foto: K. Pfeiffer, 1960).

1955 und 1982 entstanden die beiden Fotos dieser Seite. Oben passiert E44 502 gerade das Einfahrsignal des Bahnhofs Bayrisch Gmain. An den schönen Bi-Wagen-Personenzug sind noch einige Güterwagen angehängt, so daß eine weitere E44.5 nachschieben muß. Auch hier geniessen viele Reisende die Fahrt bei geöffnetem Fenster. (Foto: K. Pfeiffer). 27 Jahre später sieht der Zug schon etwas anders aus, wird aber nach wie vor von der bewährten 144.5 befördert. Die Aufnahme von D. Kempf zeigt die 144 504 mit dem N 5511 vor dem Hintergrund der „schlafenden Hexe".

Ausfahrt Hallthurm: Soeben passiert die 144 507 den Scheitelpunkt der Strecken Freilassing — Berchtesgaden, um nun mit ihrem Eilzug nach Bad Reichenhall hinabzurollen. Wegen des starken Gefälles ist es Vorschrift, daß der Zugführer auf der Lokomotive mitfährt, um den Zug im Notfall (plötzliches Unwohlsein des Lokführers) zum Halten bringen zu können.

Beim Zwischenhalt in Bad-Reichenhall — Kirchberg entstand im Mai 1978 das obere Foto von K.H. Löw, das eine Doppeltraktion von 194 159 und 112 vor dem N 5501 zeigt. Bei den typischen Vibrationen des Tatzlager-Antriebs beim Anfahren dürfte es den Fotografen bei der Abfahrt des Zuges ordentlich durchgeschüttelt haben. Winterstimmung bei Winkl zeigt die Aufnahme von St. Beständig vom 31.1.81, auf der sich 144 507 mit ihrem Eilzug einen Weg durch den Schnee bahnt.

Zwillinge haben zwei Gesichter: Daran halten sich auch die E44.5, die hier einträchtig am 17.9.1977 dem Fotografen G. Bendrien posieren. Fensterschirm-Partie und Pufferbohle repräsentieren gediegenes Altbau-Ellok-Design.

Das Rennpferd unter den alten Elloks auf seiner angestammten Rennstrecke Augsburg – München. In den fünfziger Jahren bildete die E18 das Rückgrat des hochwertigen elektrisch geförderten Schnellzugverkehrs in Süddeutschland. Zu ihrem Programm gehörte auch der F 154 „Tauern-Expreß", den die obere Aufnahme aus dem Jahre 1955 zeigt, fotografiert von H. Schröpfer bei Kissing. Damaligem Brauch gemäß fuhr der Speisewagen direkt hinter der Zuglok E18 048. Fast dreißig Jahre später war die E18 immer noch auf ihrer Stammstrecke im Einsatz, allerdings nur mehr vor Eilzügen. Mit dem E 3003 hat die 118 054 soeben Olching passiert. Foto: B. Brandt

Dasselbe Motiv aus zwei verschiedenen Perspektiven: Vor dem Hintergrund der markanten „Zwiebelkirche" von Hochdorf rauschen die beiden letzten E18 mit alten Stirnlampen vor dem E 3008 und dem E 3010 am Fotografen B. Brandt vorbei. Die Fotos entstanden im März bzw. Juni 1983.

In den ersehnten Urlaub (damals noch meistens in Oberbayern oder Österreich statt auf Mallorca oder in Jugoslawien) brachte in den fünfziger Jahren den Bundesbürger der Touropa-Expreß, den am 4.8.1957 eine E17 führte. Bei Augsburg-Hochzoll fotografierte H. Schröpfer Lok und Zug mit historischer Fahrleitung. Die Vorboten der Modernisierung sind in Form eines noch nicht in Betrieb genommenen Lichtsignals allerdings schon präsent. Einen typischen 50er-Jahre Güterzug mit G 10-Güterwagen und zwei beigestellten Eilzugwagen, geführt von E94 044, nahm H. Schröpfer ebenfalls in Hochzoll am 15.5.54 auf.

18er-Treffen in Augsburg Hbf: Neben der qualmenden 18 626 ist gerade die E18 37 mit dem E 554 eingefahren. Das Foto mit den beiden klassichen Schnellzugloks schoß W. Kölsch am 18.5.1960.

Ab 1959 beherrschten die an den abgerundeten Vorbauten erkennbaren BBC-E63 den Rangierbetrieb in Augsburg. Unter der Fahrdraht-Spinne der Drehscheibe ihres Heimat-Bw fotografierte F. Lüdecke am 13.4.1971 die 163 005.

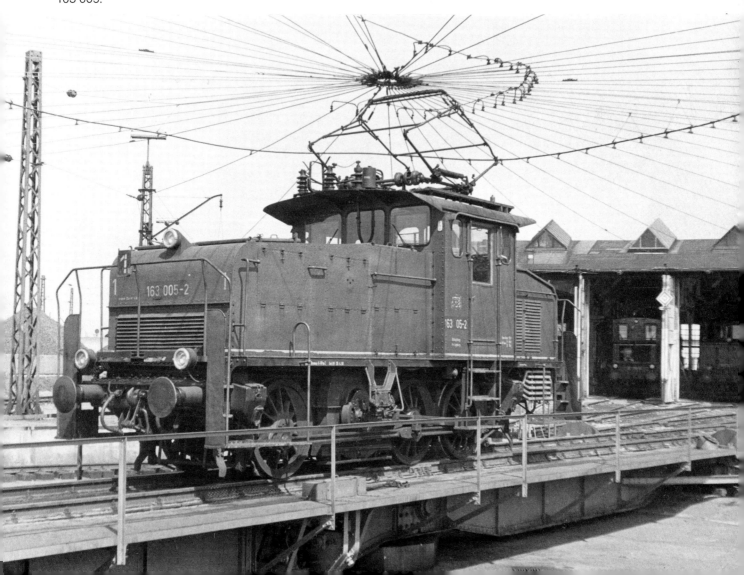

Rangierpause: Eine gute Gelegenheit zu einem Foto der E63 08, die K. Pfeiffer 1958 in Augsburg in fotogenem Zustand ablichtete. Die Lok besaß damals noch eine Glocke und Lokschilder. Der Rangierer hat sich beim letzten Waldspaziergang einen schönen Stock zum Aushängen der Kupplung mitgenommen und diesen quer über die Puffer der Lok abgelegt. Vor interessanter Wagenkulisse war die Schwesterlok E63 04, ebenfalls eine der eckigen AEG-Loks, am 21.5.59 in Augsburg tätig (Foto: J. Claus).

Die Steige ist „geschafft", ab Amstetten geht es bergab. Im Juli 1984 rumpelt die 194 070 mit ihrem Güterzug zu Tale, aufgenommen bei Amstetten von B. Brandt. Wegen des hinter der Lok laufenden Kesselwagens ist nur der vordere Stromabnehmer angelegt.

Die rundliche V200 105 und die eckige E44 015 posieren am 13.8.63 im Bw Ulm dem Fotografen U. Montfort; zwei Lokgesichter, die auch dem Laien unterschiedliche Epochen verkörpern. Im Schuppen verbergen sich schüchtern eine E91 sowie zwei V60.

Fachleute erkennen das Motiv sofort: Der Aussichtsfelsen an der Geislinger Steige, der schon ganze Generationen von Fotografen angezogen hat. Die Aufnahme von U. Montfort zeigt die E44 037, die am 26.7.64 einen Sonderzug über die Steige beförderte. Am Ende der S-Kurve ist im Schatten gerade noch die nachschiebende E94 zu erkennen.

Recht gestrenge blickt die E91 102 unter ihren dreifachen Fensterschirmen hervor, als sie in Geislingen vor dem geschlossenen Signal wartet. Das 1953 entstandene Foto (Sammlung H. Schröpfer) zeigt die Lok in fast unverdorbenem Ursprungszustand, wobei das dritte Spitzenlicht zu beachten ist.

Die Aufnahme unten von U. Montfort entstand am 15.4.1958. Vor einem Eilzug fährt die E93 02 aus dem Verladebahnhof der Erzgrube Karl bei Geislingen aus. Die nachschiebende E94 war dann ab Geislingen Zuglok. Der Grubenbetrieb wurde im Winter 1962/63 eingestellt. Bei der E93 ist die Überwurfkupplung gut zu sehen, die über die Umlenkrolle auf dem Vorbau mit Hilfe eines Drahtzuges ausgehängt werden konnte und anfangs beim Schubdienst benutzt wurde.

Bereit zum Schiebedienst: Aufgebügelt warten die seinerzeit wegen der Ausrüstung mit Überwurf-Kupplung traditionellen Schiebeloks 194 038 und 194 039 auf neue Taten, aufgenommen im Februar 1978 vor dem markanten Stellwerk von Geislingen an der Steige. Dritte im Bunde im Schubdienst war zu dieser Zeit auch eine 193. Auf dem Foto vom 13.5.1980 hat die bei Amstetten talwärts fahrende 193 004 allerdings den abendlichen Übergabezug Amstetten – Geislingen am Haken. Fotos: B. Brandt

Stuttgart Hbf: Zum alltäglichen Bahnhofsbild gehörten dort seit den dreißiger Jahren die Lokomotiven der Reihe E44. Vor dem Hintergrund der ehemals typischen Reiterstellwerke schiebt die E44 016 einen Personenzug mit dreiachsigem württembergischem Packwagen aus dem Bahnhof. Das Foto aus der Sammlung H. Schröpfer entstand im August 1953. Mit vereinten Kräften setzen am 4.6.1967 die E44 084 und die 01 181 ihren Schnellzug in Bewegung, aus dem die Reisenden zum Abschied herauswinken. Dr. R. Löttgers fotografierte diese Ausfahrt.

Nicht minder alltäglich waren die rangierenden E63 im Stuttgarter Hbf, wie sie die obige Aufnahme mit E63 03 vom August 1963 zeigt (Foto: H. Stemmler), bei der die Lok einen „Hecht"-Wagen im Schlepp hat. Eine interessante Fuhre ist auch auf dem unteren Bild unterwegs, das G. Bolay um 1963 in Korntal schoß. Die E94 161 hat hier zwei kurzgekuppelte alte Stuttgarter Nahverkehrswagen mit zusätzlichen Mitteltüren am Haken.

Daß auch die Stadt-Landschaft ein interessantes Eisenbahn-Motiv abgeben kann, zeigen diese beiden Fotos, mit denen die Fotografen J. Hagemann (oben) und O. Blaschke (unten) typische Stuttgarter Eisenbahn-Impressionen eingefangen haben. Geschäftiges Treiben in Stuttgart-Feuerbach zeigt die obere Aufnahme vom Mai 1958: E44 136 fährt mit ihrem Eilzug gleich in den Prag-Tunnel nach Stuttgart ein, während auf den Vorortgleisen ganz links ein ET65 mit alter Stirnfront und alten zweiachsigen Doppelwagen (vgl. die Aufnahme von der Nachbarseite) herausheult. Auf der Gäubahn entstand das untere Foto, das einen schönen Einblick in den Talkessel erlaubt. Soeben passiert die E44 mit ihrem Silberling-Zug den Haltepunkt Stuttgart-Heslach.

67

Heute S-Bahn-Strecke mit 20 Minuten-Takt, war die Strecke Stuttgart – Weil der Stadt Ende der fünfziger Jahre noch abschnittsweise eine idyllische eingleisige Strecke, auf der aber auch damals schon ein ansehnlicher Vorortverkehr abzuwickeln war, den sich E52 und E44 teilten. Die Aufnahmen von J. Hagemann entstanden im Juni 1959; oben führt eine E52 einen 14-Wagen-Zug aus Donnerbüchsen, alten Stuttgarter Vorortwagen und Dreiachser-Umbauwagen, aufgenommen bei Höfingen. In der Gegenrichtung ist die E52 18 unterwegs, die außer einigen B3y-Wagen auch eilige Kühlwagen im Schlepp hat.

Zum täglichen Brot der Kornwestheimer E91 im Großraum Stuttgart gehörten Nahgüterzüge. Mit einem solchen Zug röhrt die E91 18 gerade durch Esslingen in Richtung Plochingen – Tübingen. (Foto: J. Hagemann, August 1959) In Reutlingen angekommen ist gerade der Zug auf der unteren Aufnahme von D. Dettelbacher aus dem Jahre 1964, die die bereits modernisierte E91 03 zeigt.

Die alte Eisen-Bahn, die den Eindruck massiver technischer Substanz vermittelt, ist auf diesen beiden Aufnahmen von O. Blaschke festgehalten. Die wuchtigen Lokomotiven der Reihe E91, die Flügelsignale, die filigrane Stahlträgerbrücke und die alles beherrschende Uhr auf einem Eisenträgergerüst repräsentieren eine bereits vergangene Epoche der Technikgeschichte. Die Aufnahmen entstanden am 18.8.1965 in Reutlingen (oben) und am 14 10 1967 im Bw Kornwestheim (unten).

Veteranen-Treff in Tübingen: Während die 38 2309 leise säuselnd vor ihrem Personenzug auf den Abfahrauftrag wartet, ist die E17 111 gerade aus Stuttgart eingetroffen und steht nun mit heulenden Lüftern am Bahnsteig. H. Stemmler hielt diese Szene im März 1963 im Bild fest. Im Februar 1969 fotografierte er die 194 161 mit ihrem Altbauwagen-Personenzug nach Stuttgart. Der Zugführer hat gerade den Bremszettel fertiggestellt und übergibt ihn dem Lokführer.

Relativ lange konnten sich die württembergischen Krokodile der Reihe E93 auf ihren angestammten Einsatzstrecken rund um Stuttgart halten. Die beiden Aufnahmen von H. Stemmler zeigen die robusten, im Heimat-Bw Kornwestheim gut gepflegten Lokomotiven vor Güterzügen bei Tübingen — Lustnau (oben) und auf der Güterumgehungsbahn Kornwestheim — Stuttgart — Untertürkheim (unten).

Auf der Strecke Stuttgart — Waiblingen — Backnang machten die Streckenverhältnisse Schiebebetrieb notwendig, für den die Lokomotiven der Baureihen E44, E52 und E91 eingesetzt wurden. Die entsprechenden Lokomotiven hatten dazu einen Seilzug, mit dessen Hilfe vom Führerstand aus die Kupplung ausgehängt werden konnte. Die beiden Fotos vom Schiebedienst gelangen H. Röth am 1.9.62. Oben schiebt die E52 05 den P 2745 nach, der von 86 371 geführt wird. Die Fuhre mit der qualmenden Zuglok dampft bzw. orgelt gerade durch Fellbach. Unten drückt die E91 18 bei Stuttgart-Sommerrain einen Güterzug nach. Der erwähnte Drahtzug ist hier bei genauem Hinsehen über der Pufferbohle zu erkennen.

74 In den Weinbergen bei Besigheim hatte sich Th. Paule posiert, um die Vorbeifahrt der 144 189 am 17.5.1983 zu fotografieren, die an diesem Tag den N 5827 beförderte. Einige Meter unterhalb dieser Fotostelle nahm B. Rampp am 5.5.1983 die 118 039 auf, die mit dem E 3063 unterwegs war.

Das elegante Gesicht der E18 konnte sich auch in den achtziger Jahren durchaus noch sehen lassen. Die Fotografen J. Seyferth (oben) und Th. Waidelich (unten) wählten als Motiv den sich in die Kurve legenden Eilzug, um die Dynamik der E18-Vorbeifahrt einzufangen. Das obere Foto entstand am 16.4.1982 zwischen Kirchheim (Neckar) und Lauffen, das untere am 12.4.1980 bei Seckach.

Zwischen Heidelberg und Heilbronn bietet die Neckartalbahn eine abwechslungsreiche Eisenbahnreise. Ein von Eisenbahnfreunden vielbesuchtes Fotomotiv ist die Burg Zwingenberg im Verlauf dieser Strecke. Mit einem Eilzug Heidelberg — Würzburg nahm M. Waidelich am 27.3.1982 die Burg aus dieser ungewohnten Perspektive auf; Zuglok ist 118 003.

Aus einem anderen Blickwinkel fotografierte L. Rotthowe. Obwohl der Fotostandpunkt derselbe wie auf dem vorigen Bild sein dürfte, ist das Motiv ganz anders gewählt. Aufnahme beherrschend das breite Flußtal, an dessen Hang ein langer Güterzug mit der 194 012 entlang rollt. Das Foto entstand am 4.4.1979. Das untere Foto von O. Blaschke zeigt eine Bahnhofsszene in Heilbronn Hbf: Die Zugführer der von der E44 119 und der 064 017 geführten Züge überreichen den Lokführern gerade die Bremszettel.

Aus dem Dunkel des Tunnels bei Neckarsteinach ist soeben die 118 048 mit ihrem Eilzug nach Heidelberg aufgetaucht. Am Himmel hinterläßt ein Düsenflugzeug seinen Kondesstreifen. Foto: M. Waidelich (20.10.1979)

Im Tunneleinschnitt kurz vor dem Haltepunkt Binau fotografierte W. Schimmeyer am 20.5.1982 die 118 051. Der Einschnitt wurde offensichtlich kurz vorher „durchforstet".

Neben der E44 waren auch die Stuttgarter E52 im Personenzugdienst aktiv. Aus einer Dreiachser-Umbauwagen-Garnitur besteht der P 1160, den H. Röth am 24.6.1962 bei Bruchsal fotografierte. Zuglok ist die E52 24.

Wie ausgestorben präsentiert sich der Kopfbahnhof von Ludwigshafen auf dem Foto von H. Röth. Am 30.8.1959 wartet die E17 104, damals beim Bw Stuttgart beheimatet, mit dem Vorzug zum D 368 auf die Abfahrt. Heute besitzt Ludwigshafen einen Durchgangsbahnhof in modernem Styling.

Auf der Strecke Pforzheim — Karlsruhe bestritten die E44 lange Jahre fast den gesamten Personenzugdienst. Dementsprechend beherrscht das „Mädchen für alles" die nächsten Seiten. Vor dem Hintergrund der Karlsruher Bahnhofshallen nahm H. Fingerle am 14.5.77 die 144 099 mit ihrem Personenzug auf. Am 6.9.59 entstand bei Karlsruhe-Durlach die untere Aufnahme von H. Röth, die die E44 043 mit dem P 1026 zeigt, der aus einer stilreinen B3y-Garnitur besteht.

82 Bei bzw. in Ispringen entstanden diese beiden Fotos von Th. Waidelich (oben) und M. Waidelich (unten). Am 26.12.81 ist die 144 084 mit dem N 6039 unterwegs, während am 23.4.83 144 121 den Gegenzug N 6038 führt.

Im Frühjahr 1983 entstanden diese beiden Fotos die die 144 023 bei Ispringen und die 144 032 bei Königsbach zeigen. Fotos: R. Piel (oben, 29.4.1983) und Th. Waidelich (unten, 30.4.1983).

Die Höllentalbahn mit ihren Tunnels und dem Ravenna-Viadukt, mit dem Hirschsprungfelsen und mit den vielversprechenden Stationen Himmelreich und Höllsteig fasziniert wohl auch den nicht eisenbahninteressierten Reisenden. Ein typisches Bild der Bahn aus dem April 1953 (Foto: J. Hagemann) zeigt die bergwärts fahrende E244 01 mit ihrem Personenzug beim Verlassen des Löffeltal-Tunnels.

Zwischenhalt in Höllsteig: Mit surrenden Aggregaten wartet die aus Freiburg kommende E 244 01 darauf, ihren Zug weiter bergwärts zu schleppen. Der hintere Zugteil steht noch abschüssig im Gefälle und im Hintergrund ist die Signalbrücke mit den talsichtigen Ausfahrtsignalen noch schwach zu erkennen. Was der kleine Scheinwerfer links an der Lokfront für einen Zweck hat, ist nicht bekannt. Das Foto von H. Röth entstand am 18.5.1959.

Auf der Aufnahme von J. Hagemann begegnet uns dieselbe Lok an der bergseitigen Einfahrt von Höllsteig. Lok und Zug, der damals noch zweigleisige Ausweichbahnhof mit der Signalbrücke und dem badisch anmutenden Flügelsignal, all das und die Schwarzwaldlandschaft ergeben ein harmonisches Miteinander. Das Foto entstand im Mai 1958.

Weiter bergwärts entstanden diese beiden Aufnahmen. Oben hielt J. Hagemann die mit ihrem Personenzug talwärts rollende E 244 21 im April 1953 fest. Auf der Chaussee trudelt ein einsames Auto zu Tal, kein Vergleich mit der heute dreispurig ausgebauten, verkehrsreichen Straße. Mit der Unterstützung der nur durch ihren Dampf „sichtbaren" 85 002 zieht die E 244 11 den E 587 nach Hinterzarten. Die abwechslungsreiche Zuggarnitur hielt H. Röth am 16.4.60 fest.

Nach einer waghalsigen Kletterpartie auf den Hirschsprungfelsen gelang K.H. Sprich diese Aufnahme, die die 145 177 mit dem E 3363 beim Verlassen des Falkenberg-Tunnels zeigt. (22.4.1979). Auf dem unteren Bild passiert 145 172 mit demselben Zug am 22.7.1978 den Bahnhof Hirschsprung. Am Zugschluß schiebt 145 162 nach. Das links vom Gleis stehende Signal (die Schachbrett-Tafel ist ordnungsgemäß aufgestellt) zeigt freie Fahrt nach Posthalde an. Foto: B. Brandt.

Im späten Nachmittagslicht wirken Lok und Zug auf dem Ravenna-Viadukt wie eine Spielzeugeisenbahn. K.H. Sprich hielt die Szene am 12.9.1977 im Bild fest, als 145 174 den E 2005/3363 bergauf schleppt. Die starke Steigung ist deutlich an den horizontal verlaufenden Mauerwerks-Fugen des Viadukts abzulesen. Bei Titisee entstand am 17.12.1977 das Bild der 145 169 vor dem N 4558, das ebenfalls von K.H. Sprich stammt. Bei der Gelegenheit sei auf den guten Pflegezustand der Freiburger 145 hingewiesen.

Auf der Strecke Titisee — Seebrugg waren auch Haltinger E32 im Einsatz. Am 26.5.1962 fotografierte W. Kölsch die E32 31 vor dem P 2877 in Titisee. Das Gleis zum Umsetzen der Lokomotive wurde mit der Aufnahme des Wendezugbetriebes entbehrlich.

Höllsteig 1976: Ein geschlossener Bahnhof mit verrammelten Fensterläden, kein Mensch am Bahnsteig, das zweite Gleis wurde zurückgebaut. Der Unterschied zu den Bildern auf S.85 ist deutlich. Foto: B. Wollny

Brummende Kästen

„Brummende Kästen" — so nannte sie einmal einer meiner Freunde, ebenfalls Eisenbahn-Liebhaber, als wir uns wieder einmal über unsere Vorlieben bezüglich Lokomotiven unterhielten. Ich meinerseits, Anhänger der so betitelten alten elektrischen Lokomotiven, war über eine derartig unsensible Äußerung natürlich entsetzt, muß aber zu seiner Entschuldigung vorbringen, daß mein Kollege ein echter Dampflok-Fan ist. Gegen so eine Dampfmaschine mit ihrer warmen Ausstrahlung, ihrem Geruch von Dampf und heißem Öl und mit ihren weithin vernehmbaren Auspuffschlägen war so eine alte Ellok natürlich in ihrer Erscheinung geradezu mickrig. Allerdings — ihre Reize besaß sie auch, sie waren eben nur subtiler.

Schon die Geräusche, die man am Bahnsteig vernehmen konnte, machten deutlich, daß es unter den teilweise recht verschroben anmutenden Lokkästen elektrisch zuging. Eine ganze Palette von Tönen war da zu hören. Eigentlich immer — in aufgebügeltem, betriebsbereitem Zustand — lag ein leises, aber beständiges Surren in der Luft, oder besser in der Lok, das Arbeitsgeräusch der Aggregate, das mir stellvertretend für die sofortige und ständige Dienstbereitschaft der Ellok stand. Regelmäßig und öfters gab es dann noch ein jaulendes, nach einer Weile wieder ersterbendes Arbeitsgeräusch, das — wie ich später erfuhr — vom Kompressor stammte, der die Druckluft für die Bremsanlagen fördert. Dieser Luftpresser war in verschiedenen Tonlagen zu hören, je nach Loktype. Am häßlichsten erschien mir immer der auf der E17 verwendete Typ, der einem Staubsauger recht ähnlich klang.

Einige wohlgeratene Exemplare alter Ellok-Ingenieurskunst konnte A. Knipping mit dem Zeichenstift festhalten. Hier die recht modern wirkende E73 51 neben der E55 01, einer eher konventionellen Type, die dem Vernehmen nach von GarbeLahmeyer projektiert wurde.

Wenig bekannt sind die Versuchsfahrten der 2'Co1'-Type E08 02 auf der badischen Wiesentalbahn. Hier legt sich die Lok kurz vor ihrer Entgleisung und anschließenden Ausmusterung zwischen Zopfheim und Schell in die Kurve.

Interessant wurde es dann aber, wenn es ans Abfahren ging. Lautsprecheransage, Türen zuschlagen, ein schriller Pfiff aus der Trillerpfeife des Aufsichtsbeamten, und dann ertönte aus der Lok ein klackendes oder schnalzendes Geräusch, das vom Aufschalten des Schaltwerks herrührte. (Spitzenreiter beim Schnalzen waren übrigens die österreichischen 1670, die elektropneumatisch gesteuert wurden.) War eine E44 oder eine E94 am Zug, passierte erst einmal gar nichts. Vielmehr begann die Lok ein heftiges Schütteln und Knurren, das den unbedarften Beobachter erst einmal glauben machte, gleich werde es Zahnräder und Motorteile auf den Bahnsteig regnen. Aber nichts dergleichen, nach einem mittelschweren Erdbeben des Gleiskörpers setzten sich die Tatzlager-Loks regelmäßig und ohne weitere Mucken in Bewegung und beschleunigten. Kein Vergleich dazu allerdings die Abfahrt einer E18, die auf derartiges Ge-

Im Vorfeld des Badischen Bahnhofs in Basel orgelt die E32 24 am 9.5.1967 über die Weichenstraßen. L. Rotthowe gelang diese Aufnahme mit dem aus Platzmangel verkleinerten doppelflügeligen Ausfahrtsignal.

töse verzichten konnte: Sanft und fast lautlos setzten sich diese Maschinen in Bewegung. In einem der Fenster des Lokkastens drehte sich dabei ein Schleifer um einen kupfernen Zylinder, den Feinregler, das Geheimnis dieser sanften ruckfreien Anfahrten, an denen sich manche E41 eine Scheibe abschneiden könnte. Besonderen Ohrenschmaus gab es natürlich, wenn eine Stangenellok am Werk war. Das typische, schneller oder langsamer werdende orgelnde Fahrgeräusch der Lok war schon von weitem zu hören, und manche Eisenbahnfreunde konnten an den Feinheiten des Orgelns die Loktypen genauso erkennen wie Ornithologen ihre Singvögel an deren Singstimme. Wenn in Garmisch eine der Stangen E60 durch Gleis 1 des Bahnhofs orgelte, war ihr die Aufmerksamkeit des Publikums sicher und für einen Augenblick wurde der Fahrkartenverkauf am Schalter wegen des durchfahrenden „Geschosses" eingestellt.

Gerade die Stangenelloks hatten allerdings auch für das Auge etwas zu bieten. Hin und her gehende Stangen, die nach oben hin in mehr oder weniger kuriosen Lokkästen verschwanden oder aber von Blindwellen bewegt wurden, da war noch etwas von der Kraftübertragung zu sehen. Das sehenswerteste Lokgehäuse, das sich bei diesen Loktypen in

Für den Hafenbahneinsatz gedacht waren diese leider nicht zur Realisierung gediehenen Lokomotiven, die insbesondere durch ihre kompakte Bauweise hätten überzeugen können. Eine gewisse Ähnlichkeit zur preußischen E71 ist bei der vorderen Lok indes nicht zu übersehen.

die Bundesbahnzeit hinübergerettet hat, dürfte wohl der alten preußischen E71 gehört haben. Von einem einzigen Lokkasten kann man angesichts der diversen Vor- und Anbauten, der vielen Ecken, Kanten und Schrägen, die die elektrotechnische Anlage sorgsam verkleiden, wohl nicht reden. Bei alledem ist der Aufbau aber — wen wunderts — höchst symmetrisch und grazil. Die E52 — die längste DB-Einrahmenlok, Jumbo genannt — wirkt neben dieser grazilen Konstruktion wie ein ungehobelter Klotz.

Typisch für eine ganze Reihe der alten Elloks ist auch, daß sie nicht ohne Vorbauten auskommen. Mehr oder weniger lang, abgeschrägt oder gerade, mit allerlei Türen und Lüftergittern versehen, verliehen sie vielen Maschinen erst die persönliche Note. Nur einige wenige Baureihen wie die E16 oder die moderne E18 kamen ohne diese Knautschzonen aus. Das korrekte Altbau-Ellok-Make' up kam aber erst zustande, wenn die Frontfenster von den obligaten Fensterschirmen umrandet waren. Ein besonders eindrucksvolles Lokomotivgesicht mit Vorbauten und dreigeteilter Fensterschirmpartie hatte die E44 aufzuweisen, die überhaupt ihrem Aussehen nach als Urtyp aller Altbau-Elektroloks gelten kann. Der symmetrische Aufbau des Lokkastens, die beiden kurzen, halbhohen Vorbauten mit den abgeschrägten Ecken, die schon erwähnte Fensterpartie, das alles vermittelte den Eindruck einer durch und durch gediegenen und zuverlässigen Lok, und damit lag man bei der E44 ja auch ganz richtig.

Viele bemerkenswerte Details der alten Loks wären wohl noch zu erwähnen, etwa die filigranen alten Stromabnehmer der Bauart SBS 10. Aber darauf wollen wir verzichten, und vielleicht manches selber auf den Bildern dieses Buches neu entdecken.

B. Brandt

Bis Ende der fünfziger Jahre waren in Südbaden noch die preußischen E71 im Dienst, eine bei aller Ausgefallenheit der Konstruktion doch recht bewährte Baureihe. Das obere Foto von J. Hagemann zeigt eine E71 mit einem für die damalige Zeit typischen Lokalbahnzug der Wiesentalbahn bei Hausen/Raitbach im April 1953. Beachtenswert auch die filigrane Signalbrücke. Unten rangiert E71 32 am 9.8.55 in Zell (Aufnahme: U. Montfort). Bei aller Skurrilität des Lokkastens weist dieser doch eine strenge Symmetrie auf. Mancher jüngere Eisenbahnfreund würde etwas darum geben, dieses Exemplar noch einmal fahren zu sehen und zu hören.

94 Die E71-Nachfolge im Wiesental traten die E32 an. Die beiden Aufnahmen von J. Hagemann zeigen die typischen Umbauwagen-Personenzüge, oben im Bahnhof Hasel, unten auf der Rückfahrt von Hasel, aufgenommen im Juli 1958. Zu diesem Zeitpunkt hing noch die alte Fahrleitung.

„Zeller Bahnhofszenen" könnte man diese beiden Bilder zungenbrecherisch benennen: Oben rangiert E32 08 im August 1963 im Endbahnhof der Wiesentalbahn, aufgenommen von J. Hagemann. Im Güterverkehr gab es dem Fotografen zufolge auch E32 Doppeltraktionen, von denen jedoch weder Bild- noch Tonaufnahmen vorliegen. Unten wartet E44 182 mit ihrem Personenzug 1721 auf die Abfahrt nach Schopfheim. Foto D. Dettelbacher.

Einen typischen Werk- und Markttag der fünfziger Jahre zeigt die obige Aufnahme von J. Hagemann. Vor der geschlossenen Bahnschranke in Lörrach warten Fußgänger, Radfahrer, Autos und ein Traktor auf die Durchfahrt der E32 21 mit ihrem Personenzug nach Weil. Damals war die E32 im Dreieck Basel — Lörrach — Weil im S-Bahn-ähnlichen Vorortverkehr tätig.

„Treibstangen nachzählen" hieß es nach der Begegnung zweier E32. Ähnliches rufen die beiden Zugführer anscheinend auch dem Lokführer der E32 08 zu, die in Säckingen mit ihrem Personenzug nach Schopfheim der einzeln fahrenden E32 11 begegnet sind. Im Mai 1967 fotografierte L. Rotthowe die Szene.

Die leichte Bewegungsunschärfe verzeiht man dieser Aufnahme gern, legt sich E32 08 hier doch mächtig ins Zeug, ihren Personenzug nach Zell zu bringen, aufgenommen am 18.5.1967 von L. Rotthowe bei Schopfheim.

Bis zur Ablösung durch die E94 waren die E91 im Übergabeverkehr Basel Bad Rbf – Basel SBB Rbf eingesetzt. Eine 11⁰/oo-Steigung macht den Einsatz starker Güterzug-Elloks bei den geforderten Lasten dort notwendig. Am 9.4.1960 posierte E91 101 dem Fotografen H. Navé in Basel SBB Rbf.

Die letzte Altbau-Ellok-Baureihe auf der Wiesentalbahn waren die 145. Mit einer interessanten Zuggarnitur ist die 145 177 mit dem N 7732 am 11.11.1978 gerade über die Wiesebrücke bei Brombach gerumpelt, als J. Mascha auf den Auslöser drückte.

Ein weiteres Mal überquert die Eisenbahn die Wiese in Lörrach. Im August 1979 passiert die 145 180 mit einigen offenen Güterwagen diese Brücke. Foto: K. H. Sprich

Von 1955 bis 1964 waren die E69 02 und 03 in Heidelberg stationiert, wo die Loks im Rangierdienst eingesetzt waren. Die obere Aufnahme zeigt E69 02 im neuen Heidelberger Hauptbahnhof am 1.5.58 beim Rangieren eines langen B3y-Wagenzuges, aufgenommen von H. Röth. Das untere Bild von J. Hagemann zeigt dieselbe Lok im Juni 1962. In den großzügigen Gleisanlagen des Heidelberger Hbf wirkt die Lok besonders winzig. Im Hintergrund dampft eine 01^{10} Öl mit einem Eilzug herein.

Die E69-Nachfolge in Heidelberg traten 1964 die Stangen-Elloks der Baureihe E60 an. Kurz nach dem Dienstantritt nahm H. Röth am 20.6.64 die E60 05 in Heidelberg auf.

Wenig anheimelnde aber nicht ganz untypische Bw-Atmosphäre im Bw Mannheim zeigt die untere Aufnahme von H. Schmidt. Am 17.4.1962 verläßt die damals in Heidelberg beheimatete E94 187 das Bw Mannheim. Die Lok hat noch keine Dachschirm-Verlängerung.

Lange Zeit war Frankfurt auch Wendepunkt der E18. Mit einem langen Schnellzug fährt die E18 13 am 18.7.1962 in Hanau ein. Während der Bahnhofswende entstand im Vorfeld des Frankfurter Hauptbahnhofs die Aufnahme der E18 34 am selben Tag. Fotos: H. Schmidt

"Frankfurt Hauptbahnhof, hier Frankfurt Hauptbahnhof", so plärrt es aus dem Lautsprecher. Gerade ist der D 230 eingefahren, den die 119 011 von Hagen bis Frankfurt geführt hat. In der beeindruckenden Hallenkonstruktion des Kopfbahnhofes der Mainmetropole hat Dr. R. Löttgers den Zug am 12.4.1969 aufgenommen.

Abfahrbereit steht der E 504 mit der E18 44 im Hbf Frankfurt. Der Zugführer schaut noch kurz den Bremszettel durch und wird den Zug in Kürze fertigmelden. Das Foto vom 4.6.1967 stammt von P. Konzelmann.

Nur kurze Zeit waren die Altbauloks der Baureihen E32 und E52 in Frankfurt stationiert. Während das Intermezzo der meisten E32 ein knappes Jahr dauerte, blieb E32 101 als einzige etwas länger. Der Einsatz erfolgte vor Leerreisezügen, hauptsächlich zwischen Frankfurt Hbf und Ffm-Ost bzw. Sportfeld und war auf die Verkehrsspitzen am Morgen und am Abend beschränkt.
Im August 1967 wartet E32 101 im Frankfurter Hbf auf ihre nächste Aufgabe. Foto: D. Kempf

Die einzige „planmäßige" E18-Leistung entlang des Rheins war der jeweils zu Quartalsbeginn verkehrende Rekrutenzug Dm 38 238 von Würzburg nach Koblenz-Lützel. Drei Jahre lang, von 1981 bis 1984, kamen E18 zum Einsatz.

Am 1. Juli 1981 hatte 118 008 mit dem aus Altbauwagen gebildeten Zug gerade St. Goar durchfahren. Foto: J. Bügel

Auf der Rückfahrt verkehrte die Garnitur als Leerreisezug. Am 1.10.81 nahm ihn J. Bügel vor der romantischen Kulisse von Oberwesel auf; Zuglok war 118 025.

Mit der Burg Katz im Hintergrund fotografierte am 5.7.1983 D. Kempf den Leerreisezug nach Würzburg beim Verlassen des Bank-Tunnels bei St. Goar. Es führt 118 054.

Bis zum Frühjahr 1968 beheimateten lediglich süddeutsche Betriebswerke die Elektroloks aus der Vorkriegszeit. Mit der Umbeheimatung von Lokomotiven der Baureihen E04, E19 und E91 in norddeutsche Bw wurde die von den modernen Einheitsloks geprägte Ellok-Szene dort aufgelockert. Die beiden Aufnahmen dieser Seite von L. Rotthowe (oben) und W. Schulz (unten) zeigen 191 des Bw Oberhausen-Osterfeld Süd: Mit der 191 097 ist die preußische Bauart repräsentiert, während die bayerische Version u. a. an der anläßlich einer Grundüberholung entfernten Übergangstür in der Lokfront zu erkennen ist. Die Fotos entstanden im Heimat-Bw Oberhausen und im Duisburger Wald.

Im Gegensatz zu den E19 bewährten sich die (ursprünglich für den Dienst auf Flachlandstrecken konzipierten) E04 in Norddeutschland gut, da ihnen beim Bw Osnabrück viel Pflege zuteil wurde. Unter weißblauem, allerdings westfälischem Himmel entstand die obere Aufnahme von L. Rotthowe mit 104 021 vor dem N 8624 bei Sudmühle. Unten ist 104 018 mit dem N 7249 nach Rheine unterwegs und passiert die Ausfahrsignale des Betriebsbahnhofs Nevinghoff in Münster. Die Aufnahme vom 12.8.1978 stammt ebenfalls von L. Rotthowe.

Führerstandsanekdötchen

oder
Irgendwann auf einer E04

. . . kopfschüttelnd kurbelte der Meister am großen Handrad. Knurrend, weil aus der Ruhe gerissen, ein wenig ächzend, dann aber recht munter und immer flotter werdend setzte sich 104 022 in Bewegung. Schnell huschten die Bilder seitlich vorbei. Die Strecke saugte den Zug förmlich in sich hinein.

„Ausgerechnet auf diesem alten Klapperkasten. . ., wollen Sie sich eine Erkältung holen, hier zieht es doch an allen Ecken und Enden. . . .eine richtige Trimmlok ist sie, ja. . .", ja was mag wohl jemand daran finden, gerade auf dem Führerstand eines Lokoldtimers Beobachtungen und Gefühle des Triebfahrzeugführers nachzuempfinden? Der Lokführer des Eilzuges von Rheine nach Münster fand seinen Arbeitsplatz überhaupt nicht aufregend.

. . . ein anderer Lokführer erledigte seine Aufgabe — N-Zug von Münster nach Soest — nur im Stehen. „Es lohnt sich nicht, sich zu setzen. Die kurzen Fahrzeiten zwischen den Halten . . . Das große Handrad läßt sich im Sitzen ohne Verrenkungen kaum bewegen." Aber er bewegte die Maschine tatsächlich wie ein Meister, auch, als sich in der Kurve hinter dem Hammer Personenbahnhof die Lok ein wenig selbständig zu machen schien und die etwas zu hohe Geschwindigkeit durch heftiges Schaukeln quittierte.
Er war es auch, der immer einen Hammer dabei hatte: „Diese alten Mädchen halten das aus, wenn mal ein Relais nicht so will, dann. . ." Man stelle sich das einmal im Relaisraum einer 111 oder 120 vor!

. . . Ärger mit dem Fensterriemen hatte ein anderer Lokführer, genauer gesagt: Das Fenster ließ sich nicht mehr schließen. So fuhr er mit der rechten Hand das Fenster geschlossen haltend, die Linke am Handrad. Gebremst wurde nur bei offenem Fenster.

. . . Die 6 104 des Bw Osnabrück mußten wohl 6 Einheitsloks sein, denn nicht nur die Motoren oder Achsen (auch mit der 118) wurden untereinander getauscht. Auch die Führerstandstüren wurden variabel eingebaut. So fuhr die 022 auf der rechten Seite mit einer Tür der 021, auf der linken mit einer der 019. Vielleicht wurden die Maschinen im Bw Osnabrück nachts auseinander gebaut und später einige Teile in der Dunkelheit vertauscht; wer weiß?

. . . und nur in der Sonne des Ruhrgebiets, auf einem Abstellgleis des Essener Hauptbahnhofes, wo sie den ganzen Tag auf ihren nächsten Zug warten mußten, schien die Zeit stillzustehen. Doch sie lief gegen die 104, einem alten bayerischen Mädchen, das auf ihre alten Tage bei den „Preißn" zeigen konnte, was noch in ihr steckte.

J. Spitz

Zwischen Westbevern und Sudmühle hat der Lokführer der 104 019 seine Lok auf Höchstgeschwindigkeit beschleunigt. L. Rotthowe fotografierte die dynamische Szene im August 1977. Eine der wenigen Schnellzugleistungen der Osnabrücker 104 zeigt das untere Foto von R. Gänsfuß vom August 1974. Mit einer stilreinen und inzwischen schon historischen Popwagen-Garnitur passiert die Lok einen Bahnübergang bei Münster-Coerde.

Einer der wenigen Tunnels im norddeutschen Flachland ist der Lengericher Tunnel, der den Teutoburger Wald unterquert. 104 022 hat am 18.4.1979 mit dem N 8614 gerade diesen Tunnel verlassen und fährt am Fotografen Th. Paule vorbei.

„Winterstimmung in Münster Hbf": Am 2.1.1979 gab es auch in Westfalen Neuschnee. U. Ebert nutzte die Gelegenheit zu einer Nachtaufnahme mit 104 017 im verschneiten Münsteraner Hbf.

Eine wenig erfolgreiche Zeit für die vier Lokomotiven der Baureihe E19 begann 1968 mit der Umstationierung der Schnellzugloks zum Bw Hagen-Ecksey, das bis dahin nur Neubau-Elloks beheimatet hatte. Wechselnde Personale und eine Reihe für die E19 nicht geeigneter Planleistungen vor Personenzügen führten zu wachsender Störfälligkeit der Loks, so daß oft Neubau-Elloks im E19-Umlauf eingesetzt wurden. Am 12.10.1968 konnte W. Reimann die 119 002 jedoch vor dem Plan-Schnellzug (Basel —) Köln — Hagen in Köln Hbf aufnehmen.

Zweimal Doppeltraktionen mit E19-Beteiligung zeigen die Aufnahmen dieser Seite von Dr. R. Löttgers. In der Anfangszeit in Hagen gehörten diese Vorspannleistungen von E19 vor der Planlok zur Personalschulung zum täglichen Bild, wie die obere Aufnahme mit E19 11 vom 13.5.1968 in Siegen zeigt. Die E19 11 besaß damals bereits den DB-Einheits-Stromabnehmer DBS 54 mit dem entsprechenden Antrieb. Bemerkenswert ist auch der (noch) gute Pflegezustand der Lok.

Vor der Kulisse der Burg Altena entstand die untere Aufnahme mit der 119 001 und einer E40 am 10.3.1969 im Bhf Altena. Hier dürfte es sich allerdings eher um eine „Angstlok" als eine Personalschulung handeln.

Auf der Ruhr-Sieg-Strecke gehörten während des Hagener Exils auch eine Reihe von Personenzügen zu den Planleistungen. Am 20.3.1969 fotografierte Dr. R. Löttgers die 119 002 mit einem Personenzug Hagen – Siegen bei Altena. Die untere Aufnahme spiegelt die zeitlose Eleganz der E19 wieder. Am 2.3.1970 nahm L. Rotthowe die 119 011 auf, die gerade den E 1845 aus Hagen nach Münster gebracht hatte.

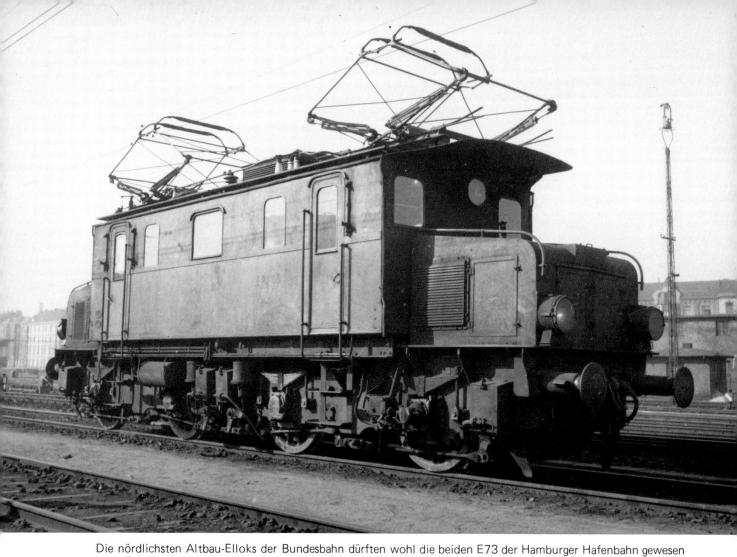

114 Die nördlichsten Altbau-Elloks der Bundesbahn dürften wohl die beiden E73 der Hamburger Hafenbahn gewesen sein. Die Steil- und Tunnelstrecke zwischen Altona Hafen und Altona Hbf war mit ihren 27,8 $^o/_{oo}$ für den Dampfbetrieb äußerst problematisch und wurde deswegen bereits von der KPEV im Jahre 1911 elektrifiziert. 1954 wurde der elektrische Betrieb eingestellt; seitdem herrscht dort nach kurzem Dampflok-Intermezzo die Diesellok. Die beiden Aufnahmen dieser Seite zeigen die zuverlässigere und robustere der beiden Hafenbahn-Loks, die E73 05. Das obere Foto (DB, Sammlung G. Neumann) entstand 1949 im Bf Hamburg-Altona. Besonders auffallend sind die Stromabnehmer mit Doppelschleifstücken. Auch der Stromabnehmer ist recht ungewöhnlich. Das untere Bild vom März 1951 (Foto: J. Hagemann) zeigt die Lok beim Rangieren im Hafenbahnhof. Wie man sieht, bestand die Fracht zumeist aus Kühlwagen (mit Frischfisch), wobei die Bremserhäuschen besonders ins Auge fallen.

Zwei typische Einsatzaufnahmen von der Hafenbahn aus den frühen fünfziger Jahren: Oben nochmals E73 05, aufgenommen am 22.12.1951 in Hamburg-Altona vor hübsch-häßlichem Hintergrund (Foto: DB, Sammlung Neumann). Die untere Aufnahme von J. Hagemann vom Februar 1953 zeigt das zweite Exemplar der E73, die E73 06, die unter der preußischen Fahrleitung in Hamburg-Altona-Hafen rangiert. Angesichts der hochbeinigen Konstruktion und dem breiten Spalt zwischen Lokkasten und den Drehgestellen mit der Pufferbohle hatte man des öfteren den Eindruck — so schreibt der Fotograf — die Lok müsse gleich über ihr eigenes Drehgestell „stolpern"

Bis Anfang der siebziger Jahre konnte man auf der Ruhr-Sieg-Strecke regelmäßig auf Krokodiljagd gehen. Zu dieser Zeit fuhren Aschaffenburger E94 Leistungen bis Hagen-Vorhalle. Am 28.6.1969 führt die Aschaffenburger 194 267 einen Güterzug, aufgenommen in Altena von L. Rotthowe.

Als E94 noch in Aschaffenburg beheimatet waren: E94 283 (später in 194 583 umgezeichnet wegen der Erhöhung der Höchstgeschwindigkeit auf 100 km/h) auf der Drehscheibe ihres Heimat-Bw am 27.April 1966. Foto: P. Konzelmann

Im Jahresfahrplan 1981/82 bespannten Würzburger 144 planmäßig den bei Bedarf verkehrenden Lg 59 904 von Regensburg bis Bebra über eine Distanz von rund 400 km. Markus Engel traf den Zug am 8. Oktober 1981 in Gemünden/Main an.

Eine Rangierfahrt in Würzburg Hbf unternimmt die Aschaffenburger E94 275 auf dem Foto von A. Schöppner vom 7.11.1964. Am Wasserkran und dem Dampfloktender rechts im Bild erkennt man, daß Elloks und Dampfloks sich noch den Betrieb teilten. Mit einem langen Güterzug rumpeln am 21.11.1973 die 144 121 und die 194 580 in Richtung Würzburg, aufgenommen ebenfalls von A. Schöppner bei Thüngersheim.

Die Elektrifizierung der Strecke Würzburg — Lauda — Osterburken im Jahre 1974 brachte zwar den Dampfloks das Ende auf dieser Strecke, den Altbauelloks jedoch ein neues Einsatzgebiet. Dort entstanden auch die Aufnahmen von A. Schöppner, in denen die Dynamik des vorbeifahrenden Zuges festgehalten ist. Vor einem stilreinen Altbauwagen-Zug legt sich die 144 015 am 25.8.1976 bei Unterwittighausen in die Kurve, während auf dem unteren Foto die 118 016 am 18.4.1982 bei Gerlachsheim vorübereilt.

120 Zwei weitere Fotos der auf dieser Strecke alltäglichen Altbau-Elloks der Reihen E18 und E44 stammen von H. Schulze. Bei Grünsfeld nahm er die Vorbeifahrt der 118 014 am 11.5.1978 auf, während das untere Foto mit 144 056 am 29.3.1980 bei Sachsenflur entstand.

Den Abschluß des E18 / E44-Bilderbogens dieser Strecke bilden die beiden Aufnahmen dieser Seite von M. Baumann. Vor der Ortschaft Zimmern fotografierte er den N 5891, den die 144 004 beförderte. Am 20.5.1978 hatte die 118 003 neben ihrem Eilzug auch die Schwesterlok 118 045 zu schleppen. Die Aufnahme entstand bei Adelsheim Nord.

Auf der Strecke Lauda-Würzburg brachte es sogar die mit 70 km/h Höchstgeschwindigkeit nicht gerade schnelle E93 zu Reisezugehren. Mit einer stilmäßig passenden Wagengarnitur heult auf dem Foto von Th. Paule die 193 016 am Einfahrtsignal von Grünsfeld vorbei. (April 1978). Typischer für die E93 war freilich der Einsatz vor Nahgüterzügen, wie ihn das untere Foto von R. Piel zeigt. Am 14.6.1980 nahm er die 193 014 mit dem Ng 64611 bei der Durchfahrt in Sennfeld auf.

Stellwerk, der Ortsname in Frakturschrift, Flügelsignal, der bemerkenswerte Lokschuppen rechts hinten und die E52 16 des Bw Pressig-Rothenkirchen mit einem aus Donnerbüchsen gebildeten Personenzug verkörpern die Atmosphäre der alten Eisenbahn. Das Bild von J. Hagemann entstand im September 1960 in Kronach.

Siebzehn Jahre versahen die E91 des Bw Pressig-Rothenkirchen Dienst auf der Frankenwaldbahn. Dabei waren sie hauptsächlich im Güterzugdienst als Zug- und Schubloks zwischen Pressig-Rothenkirchen und Probstzella (DDR) eingesetzt. Anfang der sechziger Jahre durften sie auch einige Schnellzüge bespannen, allerdings nur auf dem sieben Kilometer langen Abschnitt Ludwigstadt-Probstzella. Das Bild zeigt den Schnellzug München — Berlin (damals noch Interzonenzug genannt) mit seiner Zuglok E91 13 und einer weiteren E91 am Zugschluß bei der Durchfahrt der Station Lauenstein. Von der einstigen Bedeutung dieser Strecke zeugt noch die vollständig vorhandene Fahrleitung über dem seit Jahren demontierten zweiten Gleis. Foto: J. Hagemann

Von Probstzeila kommend befördert die E91 97 ihren kurzen Güterzug bergauf in Richtung Ludwigsstadt, aufgenommen im September 1960 kurz vor Lauenstein. Die zweigleisige Brücke wurde bereits zurückgebaut. Foto: J. Hagemann

Ebenfalls bei Lauenstein fotografierte J. Hagemann den von einer E91 geführten Güterzug. Diese Fotostelle ist heute völlig zugewachsen.

Wer hätte an diesem schönen Fleckchen nicht gerne eine Rast eingelegt. J. Hagemann wartete hier die Vorbeifahrt des Interzonenzuges Leipzig — München ab, den die E52 16 nachschiebt. Nur kurz wird die Ruhe dieses schönen Spätsommertages (September 1960) durch das Kreischen der Räder der alten „Hecht"-Wagen in den engen Radien und das orgelnde Fahrgeräusch der Schiebelok gestört, dann versinkt die Szenerie wieder im Dornröschenschlaf. Das Foto entstand kurz vor Steinbach am Wald.

Gerade ist der D-Zug aus Berlin mit je einer E91 an Zugspitze und -schluß in Ludwigsstadt eingetroffen. Gleich wird die E91 an der Zugspitze abspannen — die E10 steht mit einem Pack- und einem Verstärkungswagen für die Weiterbeförderung nach Nürnberg schon bereit. Die Schublok E91 97 wird sie noch bis Steinbach am Wald bei der Bergfahrt unterstützen. Foto (September 1960): J. Hagemann

Idylle im Frankenwald: Unterhalb der Burg Lauenstein (auch Mantelburg genannt) schleppt 118 029 den D403 Leipzig — Nürnberg bergwärts. Am Zugschluß ist die Schublok 194 063 zu erkennen, die zusammen mit der 118 den Zug in Probstzella übernommen hat. Recht bequem kann die knapp sechsstündige Reise (bzw. das Ausharren) in den Silberlingen, die eigentlich dem Nahverkehr dienen, nicht gerade gewesen sein. Foto: D. Dettelbächer (21.7.1973)

Zum Zeitpunkt ihrer Indienststellung war die E19 die stärkste Einrahmen-Ellok der Welt, gebaut für den Schnellzugdienst auf der zu elektrifizierenden Strecke von München über den Frankenwald nach Berlin. Der Krieg ließ den Fahrdraht nur bis Leipzig vordringen. Mit der Errichtung der Demarkationslinie war auch für die elektrischen Loks der BR E19 in Probstzella Endstation. Zumindest die Strecke von München bis hierher blieb Stammstrecke der „Edelhirsche" während ihrer Zugehörigkeit zum Bw Nürnberg Hbf.
Unser Bild von L. Rotthowe zeigt 119 001 am 30. März 1977 mit dem D303 Berlin — München auf der Bergfahrt zwischen Ludwigsstadt und Steinbach am Wald: Am Zugschluß schiebt die 194 568 nach. Bereits zwei Monate später gehörte diese Zugkomposition der Vergangenheit an. Starke Loks der Baureihen 140 + 151 übernahmen den Schnellzugdienst, so daß der Nachschub von Schnellzügen entfallen konnte.

Ohne die E44 wäre diese Bilderauswahl über die Frankenwaldbahn unvollständig. Von 1939 bis 1983 — 44 Jahre lang — gehörte sie zum alltäglichen Bild in dieser Gegend. Am 2. Juni 1982 brachte 144 066 den N6712 von Lichtenfels nach Ludwigsstadt hinauf, hier aufgenommen bei Förtschendorf. Foto: B. Rampp

128 Zwischen Ludwigsstadt und Steinbach wartete B. Brandt am 30.12.1981 die Vorbeifahrt der E44-Personenzüge ab, die diese Bildseite zeigt.

Zu den letzten Einsatzstrecken der E44 gehörte die Strecke Lichtenfels – Neustadt bei Coburg. Mit den folgenden Fotos soll an das gewohnte Bild, das die Reisezüge hier lange vermittelten, erinnert werden. Im Abendlicht des 28.10.1979 ist die 144 121 nach Neustadt unterwegs. D. Kempf nahm die Vorbeifahrt des Zuges kurz vor Neustadt auf. Nicht weit davon entfernt entstand die untere Aufnahme von Th. Paule am 23.9.1983 mit der 144 039 und ihrem Personenzug.

130 Vom Streckenabschnitt Lichtenfels — Coburg stammen diese Aufnahmen von B. Brandt. Am Neujahrstag 1982 durchfährt die 144 116 mit ihrem Personenzug die Blockstelle Seehof. Im Sommerfahrplan 1983 war diese E44-Doppeltraktion ein besonderer Leckerbissen für die zahlreich angereisten Eisenbahnfreunde. Das Foto der 145 168 und der 144 039 entstand bei Ebersdorf im August 1983.

Mit dem abendlichen Pendelzug nach Neustadt/Aisch verläßt E52 21 (Bw Nürnberg Hbf) den Fürther Hbf im Jahr 1963. Foto: D. Dettelbacher

131

ÖBB-Neubauellok und DB-Altbauellok begegnen sich in Gestalt der 1010.03 und der 117 120 in Nürnberg Hbf. Foto (1964): D. Dettelbacher.

Aufnahmen aus dem Großraum Nürnberg zeigen die folgenden Seiten. Anfang der fünfziger Jahre waren die Nürnberger E52 im Personenzugdienst recht aktiv, wie die beiden Fotos von P. Ramsenthaler beweisen. Mit wirbelnden Kuppelstangen und dem entsprechenden Fahrgeräusch legt sich E52 21 bei Limbach in die Kurve, gefolgt von einer Reihe Abteilwagen. Das Foto entstand 1951. Die untere Aufnahme aus dem Jahr 1953 zeigt die E52 24, ebenfalls vor einer sehenswerten Wagengarnitur, aufgenommen bei Reichelsdorfer Keller. Angesichts des offensichtlich schönen Tages genießen eine Reihe von Reisenden die Bahnfahrt bei geöffnetem Fenster. Die E52 hatten damals noch ihre alten, großen Laternen.

Ganz nebenbei und zunächst völlig unbeabsichtigt ist dieses Buch auch eine kleine Chronik der herrlichen Wagengarnituren, mit denen man in den frühen Bundesbahn-Jahren verreisen konnte. „Ach, wer da mitreisen könnte" mag zumindest mancher Eisenbahn-Liebhaber beim Anblick dieser Bilder von P. Ramsenthaler aus dem Jahr 1953 denken. Unter weiß-blauem Himmel ist mit einer klassischen Eilzugwagen-Komposition eine E18 zwischen Treuchtlingen und Nürnberg bei Reichelsdorfer Keller unterwegs, während die E52 16 auf dem unteren Bild eine bunt gemischte Personenwagen-Schlange hinter sich herzieht.

Den Hauptanteil des Personenzugdienstes auf den „elektrisierten" Strecken bestritten allerdings die bewährten E44, die als Vorläuferin aller modernen Bundesbahn-Elektroloks gelten darf. Anfang der fünfziger Jahre waren diese gediegenen Lokomotiven noch nahezu im Ursprungszustand, was ihnen angesichts fehlender Dachschirme ein etwas grimmiges Aussehen verlieh. Mit einem langen Donnerbüchsen-Personenzug ist die E44 062 auf der Aufnahme von P. Ramsenthaler aus dem Jahr 1953 festgehalten, als sie gerade einen typischen Kiefernwald bei Katzwang durchfährt.

„Bitte recht freundlich": Der Lokführer hat seine E18 34 ins Sonnenlicht gefahren und blickt nun in die Kamera des Fotografen H. Kuom. Das Foto aus dem Bw Nürnberg Hbf vom August 1964 zeigt die elegante Erscheinung dieser gutgepflegten Maschine. Unten ist nochmals die E52 21 zu sehen, die F. Jäger am 15.5.65 an der Bekohlungsanlage desselben Bw fotografierte.

Hauptschalter aus — endgültig!

Das wohl nachhaltigste Erlebnis mit Altbau-Elloks hatte ich während meiner Zusatzausbildung auf Baureihe 144 und 194 im Juni 1981. Diese Ausbildung, die im nordbayerischen Bw Bamberg abgehalten wurde, war wurde, war eine der letzten überhaupt für die 144. Wie bei solchen Lehrgängen üblich, wurde in der einen Tageshälfte Theorie im Unterrichtsraum gelehrt, während die zweite Hälfte dem Praxistraining am Fahrzeug vorbehalten war. Ich begab mich zusammen mit zwei Kollegen und dem Ausbildungslokführer auf den Führerstand der zu Ausbildungszwecken abgestellten 144 138 des Bw Würzburg. In den folgenden Minuten wurden die verschiedensten Störungszustände, die in der Praxis auftreten könnten, simuliert und wieder behoben. Dabei war es notwendig, den Hauptschalter (Expansionsschalter) der 144 mehrmals ein- und auszuschalten. Nachdem wir die Lok genügend „drangsaliert" hatten, wechselte meine Gruppe auf eine 194, die im Lokschuppen stand — die 144 war auf den Hinterstellgeleisen im Freien abgestellt. Während des Trainings an der 194 gab es plötzlich einen dumpfen Knall und am Fahrdraht-Spannungsanzeiger der 194 war der Zeiger auf „0" — folglich Nullspannung in der Fahrleitung! An unserer Lok konnte es nicht gelegen haben — der Knall kam von draußen. Wir gingen zur 144 138, die wir kurz vorher verlassen hatten, und sahen schon von weitem die „Bescherung". Nach uns hatte sich eine andere Ausbildungsgruppe die 144 138 vorgenommen. Auch diese betätigte bei der Störungssuche mehrmals den Hauptschalter, was jenem anscheinend allmählich zuviel wurde. Mit lautem Knall zerlegte er sich selbst in seine Bestandteile und gab so sein Dasein auf. Es war unwahrscheinliches Glück, daß niemand meiner Kollegen verletzt wurde. Im Maschinenraum sowie in mehreren Metern Umkreis um die Lok herum zeugten zahlreiche, scharfkantige Porzellan-Splitter von der Wucht der Zerstörung. Unvorstellbar, was geschehen wäre, wenn einer meiner Kollegen gerade im Maschinenraum gewesen wäre! Von diesem Tage an begegnete ich den Altbau-Elloks stets mit dem nötigen Respekt...

Die Taube auf dem Dach

Im Winterfahrplan 1980/81 fuhr ich in einem „gemischtem" Dienstplan des Bw Bamberg, in welchem sowohl Rangier- und Nebenbahnzüge mit Diesellok der Baureihen 211 und 260, als auch Eil- und sogar Schnellzüge mit Ellok (u. a. 118) zu fahren waren. Allerdings überwiegten die Dieselleistungen, so daß ich der Ellok stets etwas „reservierter" gegenübertrat — vor allem der eigenwilligen, alten Dame mit Namen 118. Innerhalb dieser Baureihe gab es unterschiedliche Bauteile, so waren z. B. einige 118er in der Hauptschalterausführung und -steuerung den Neubaulokomotiven angeglichen. Andere wiederum hatten die alten „Flaschenrelais", wobei diese Bezeichnung nichts mit deren Verhalten zu tun hatte, sondern von der eigentümlichen Form her rührten. Eine 118, die 002, hatte als Hauptschalter einen Ölschalter, der sonst nur bei den Altbauelloks der Reihen 104, 116, 117, 132, 144 002 — 023, 175, 191 und 193 vorkam. Zur Festlegung des Nullspannungsrelais im Störungsfalle war ein Gestänge vorhanden, das im „Lokführerjargon" die Betitelung „Hindenburg-Riegel" trug. Diese Bezeichnung kommt angeblich davon, daß der greise Reichspräsident Hindenburg es sich einmal nicht nehmen ließ, auf dem Führerstand der 118 002 mitzufahren. So hatte fast jede 118 ihre Geschichte und ihre Besonderheit.

Ich hatte jedenfalls am 07.03.1981 die 118 054-6, mit der ich in Bamberg den E2450 planmäßig nach Würzburg bespannte. Bis Schweinfurt-Stadt verlief die Fahrt planmäßig und ohne Schwierigkeiten — teilweise mit 140 km/h! Bei der Durchfahrt dieses Bahnhofes lief plötzlich das Schaltwerk auf Stufe Null zurück! Was nun? — Rundumblick auf alle Anzeige-Instrumente — der Fahrdraht-Spannungsmesser zeigte „Nullspannung". Folglich war kein „Saft" mehr im Fahrdraht. Langsam kam der Angstschweiß durch — sollte an meiner Lok etwas defekt sein? Ist gar eine Hilfslok fällig? Das letztere ist für den Lokführer meist mit Unannehmlichkeiten verbunden und folglich mehr als unbeliebt. Während ich an alle möglichen Ursachen dachte und im Gedanken bereits die Schaltpläne „Revue passieren" ließ, kamen plötzlich die „heißersehnten" 15 kV wieder durch den Fahrdraht. Da sich mein Zug noch im Rollen befand, konnte ich sofort wieder aufschalten und beschleunigen. Schon wenig später war der nächste Planhalt in Schweinfurt Hbf. Da ich bei der Durchfahrt des Schweinfurter Stadt-Bahnhofes einige Tauben unmittelbar vor meinem Führerstandsfenster auffliegen sah, kam mir ein Verdacht. Dieser

Mit kreischenden Bremsen ist der von E52 03 geführte Personenzug an einem Haltepunkt bei Nürnberg zum Stehen gekommen; zwei Fahrgäste sind ausgestiegen. Der in der Packwagen-Tür stehende Zugführer hat das Signal zum Abfahren gegeben und langsam kurbelnd setzt sich nun die Lok mit ihrem Zug wieder in Bewegung. Diese beschauliche Szene hielt J. Hagemann im Juni 1953 fest. Lok und Zug, die alte Fahrleitung mit den Bahnsteiglampen auf den Masten und die Torbögen an den Abgängen zu den „Bahnsteigen" spiegeln gediegene Eisenbahnatmosphäre der fünfziger Jahre wieder. Auch die untere Aufnahme zeigt eine Personenzugabfahrt, aufgenommen 1956 von K. Pfeiffer in Nürnberg. Mit einer interessanten Wagengarnitur im Schlepp poltert die E94 178 über die Weichen. Trotz des Wiederaufbaus sind die Kriegsschäden an den Gebäuden noch unübersehbar und bilden einen harten Kontrast zu der idyllischen, oberen Aufnahme.

bestätigte sich, als ich vom Bahnsteig aus das Dach meiner Lok besah — eine mittlerweile angebratene Taube lag dort. Vermutlich war diese in die Dachleitung geraten und hatte so einen Überschlag verursacht. Dieser so entstandene Kurzschluß hatte eine Unterwerks-Auslösung zur Folge, so daß kurzzeitig die gesamte Strecke ohne Fahrdrahtspannung war. Kleine Ursache — große Wirkung! Ein kurzer Anruf in der Schaltwarte des Unterwerkes und die Fahrt des 2450 konnte mit wenigen Minuten Verspätung, welche die 118 — wie gewohnt — bis Würzburg wieder einfuhr, fortgesetzt werden.

Norbert Kempf

„Zurück zu den Knödelbayern ..."

Begeistern konnten sie mich nie so richtig, die elektrischen Lokomotiven. Alles, was nicht rauchte und qualmte, schien mir nur geringerer Beachtung wert. Trotzdem gehen sie mir heute ab, wenn ich irgendwo im Raum München mit dem Zug unterwegs bin. Das hängt sicher mit den lebhaften Erinnerungen zusammen, die ich an die alten elektrischen Lokomotiven habe, bestritten sie doch einen beachtlichen Teil der Zugförderung auf meiner Strecke, der Linie München — Ingolstadt, der ich mich seit frühester Kindheit verbunden fühlte, deren schmähliche Zurücksetzung gegenüber der Route über Augsburg, was das Zugangebot betrifft, mich von Fahrplan zu Fahrplan ärgerte und die insgeheim heute noch nicht meine Zustimmung finden kann. An dieser Eisenbahn hatte ich meine Posten, z. B. die Schranke an der Heerstraße oder die Abzweigung der Regensburger Linie am Nymphenburger Kanal. Im Herbst und Winter konnte ich sogar von meinem Zimmer aus mit dem Fernglas durch eine Häuserschneise und kahlen Bäumen die vorbeibrausenden Züge beobachten. Über die nachmittägliche und abendliche Bespannung wußte ich Bescheid! Da eröffnete eine E 04 mit einem Zug aus lauter Dreiachsern den abendlichen Berufsverkehr nach Dachau, später löste sie eine E 16 bei dieser Leistung ab. Nach einem der üblichen Wendezüge kam mein Lieblingszug, der 17.08-Personenzug nach Ingolstadt. Er entsprach meinen Vorstellungen von dieser Zuggattung, denn einer E 18 folgten meistens zwei Stückgutwagen und anschließend an die acht alte Vierachser der Gruppe 30. Im Haltepunkt Obermenzing füllte er den Bahnsteig in voller Länge aus. Später übernahm eine E 94 diesen PZ-Klassiker, womit ich auch zufrieden war, schließlich war diese Reihe im Münchner Hauptbahnhof eher selten zu sehen. Überhaupt benutzte ich diesen Zug gerne, um aus der Stadt nach Obermenzing nachhause zu fahren, denn ich hielt mich dann oft noch so eine Stunde an der kleinen Station auf, um die nachfolgenden Züge in Augenschein nehmen zu können. Zehn Minuten später hielt eine E 16 mit einem weiteren Dreiachserzug nach Dachau in besagtem Vorort, und nochmal eine Viertelstunde danach kam eine E 44 mit sechs Gruppe 30-Wagen in Richtung Petershausen vorbei. Dieser Zug gehörte übrigens um 1968 zu meinem Erstaunen eine Zeitlang in den Umlauf der Vorserien — E 03. Den abendlichen Aufenthalt am Bahnhof krönte zum Abschluß immer die Vorbeifahrt des Eilzugs nach Würzburg mit einer weithin hörbar jaulenden E 17. Diese Bauart hatte 1968 viele Eilzugleistungen von der E 18 auf der Ingolstädter Strecke bekommen und kam auch vor neu eingeführten Personenzügen zum Einsatz. Durch Obermenzing verläuft parallel zu den Personenzuggleisen die Güterbahn Laim Rbf. — Allach; neben den sehnsüchtig erwarteten 50ern — so bescheiden mußte man als „reiner" Dampflokfan in München damals sein — eierten nicht selten E 75 mit irgendwelchen Überstell-, Bau- oder Nahgüterzügen gemächlich vorbei, die Masse an E 44 und E 94 im Güterzugdienst kann an dieser Stelle fast verschwiegen werden.

Außer diesem Abendprogramm gab es zwei Zugpaare, die meine Beachtung verdienten: Der Schnellzug nach Kassel gehörte dazu. Sein Reiz bestand darin, daß lange Zeit eine Freilassinger E 18 ihn bis zu seinem Ziel in Nordhessen zog. Noch interessanter erschien mir das Zugpaar D 286/287 München — Hambug, das ebenfalls meistens mit der eleganten E 18 bespannt war und das im Sommer 1968 einen SJ-Kurswagen Garmisch — Stockholm mit sich führte. Dieses einmalige Ereignis empfand ich als ungeheure Aufwertung „meiner" Strecke. Als um 1970 die Umbeheimatung der E 19 aus Norddeutschland anstand, wie man der offiziösen Fachpresse entnehmen konnte, spekulierte ich auf einen

Angesichts der heutigen beige-türkisen Einheits-Kriegsbemalung der Bundesbahn-Fahrzeuge muß wohl nicht mehr allzuviel Zeit vergehen, um auch den Reiz eines schlichten DB-Schnellzuges in Einheitsgrün zu entdecken. Mit einer solchen Garnitur (D 491) fotografierte D. Dettelbacher am 26.5.1973 die 119 002 bei Rednitzhembach. Nicht weit davon entfernt nahm derselbe Fotograf die winterliche E94-Leistung auf, bei der die E94 070 außer einem langen Güterzug auch die E94 043 mitschleppt.

„Zurück bei den Knödelbayern": Den halben E19-Einsatzbestand zeigt die am 13.8.1972 entstandene Aufnahme von W. Bügel. Die 119 002 wartet vor dem E 1939 respektvoll die Überholung durch ihre Schwester 119 011 ab, die gerade mit dem D 491 durch den Bahnhof Treuchtlingen rauscht.

Einsatz dieser Reihe vor dem Hamburger Zug, zumal es sich um eine hochwertige Leistung handelte. Per Fernglas nahm ich Nachmittag für Nachmittag beide Züge ins Visier, bis ich endlich einmal eine E 19 entdeckt zu haben glaubte. Beinahe nichts lag näher, als am nächsten Tag dieses Phänomen genauer zu untersuchen – erfolglos. Erst beim vierten oder sechsten Versuch bestätigte sich meine Annahme, daß man auch E 19 vor diesem Zug einsetzen könnte. Einmal gelang es mir auch, eine 119 im Münchner Hauptbahnhof abzufangen und den Lokführer in ein Fachgespräch zu verwickeln über Güte und Leistung dieser besonderen Maschinen. Doch der Meister beklagte sich nur darüber, daß man in Hagen die E 19 heruntergewirtschaftet und dann auch noch die Unverfrorenheit besessen habe, auf dem Führerstand in Kreide den Satz zu hinterlassen: „Zurück zu den Knödelbayern".

So aufmerksam ich damals dies einschlägige Geschehen verfolgte, in dem die Aufnahme des S-Bahnbetriebes 1972 eine deutliche Zäsur bedeutete, ich konnte mich nur selten dazu aufschwingen, es zu fotografieren. Es hatte bei aller, heute ungewöhnlich erscheinenden Vielfalt doch nicht den Reiz, den Dampfloks auf mich ausübten, und es war zu alltäglich.

P. Schricker

Lange Jahre war das typische orgelnde Fahrgeräusch der E60 auch in Treuchtlingen zu hören. Die beiden Aufnahmen zeigen typische Rangierszenen mit der Lok E60 13, oben aufgenommen in der nördlichen Bahnhofsausfahrt am 1.6.1959 von J. Claus, unten am 13.6.57 von U. Montfort mit einem alten bayerischen Packwagen mit Oberlicht-Aufbau. Die Lok besitzt noch eine Glocke und präsentiert sich noch ohne Rangierer-Bühnen an den Stirnseiten.

142 Bis in die letzten Einsatzjahre ihrer fast fünfzigjährigen Laufbahn waren die E 18 noch im angestammten Schnellzugdienst zu sehen. 1976 gehörte auch der D 783 noch zum Programm, den am 15. Mai die 118 044 beförderte, aufgenommen von D. Dettelbacher bei Gundelsheim. Einige Jahre früher – das genaue Aufnahmedatum ist nicht bekannt – konnte auf derselben Strecke noch die E 44 mit einem typischen Personenzug beobachtet werden. Hier legt sich bei Fünfstetten die E 44 141 mächtig ins Zeug, ebenfalls fotografiert von D. Dettelbacher.

Südlich von Treuchtlingen führt die Bahnstrecke nach Augsburg durch eine eigenartige, relativ dünn besiedelte Gegend, die zahlreiche Fotomotive für den Eisenbahnfotografen aufweist. Kurz nach Treuchtlingen überquert die 117 113 mit dem E 2467 die Brücke über den Möhrenbach, aufgenommen am 8.4.1978 von D. Dettelbacher. Hinter der Lok läuft ein Kurswagen Nürnberg — Mailand mit. Dieselbe Brücke hat aus der entgegengesetzten Richtung am 12.4.1980 gerade die 118 016 mit dem E 2564 passiert, als B. Eisenschink das untere Foto aufnahm.

Einer der wenigen planmäßigen E18-Einsätze vor Güterzügen war der samstägliche Naheilgüterzug 62223 Nördlingen — Donauwörth im Sommerfahrplan 1982. Im Einschnitt bei Ebermergen hielt H. Schulze am 14.8.1982 den von der 118 051 geführten Zug fest. Im Nördlinger Ries waren gegen Ende ihrer Einsatzzeit auch die E17 unterwegs. Vor dem Hintergrund der Harburg überquert eine 117 auf der Fahrt nach Nördlingen die Wörnitz. Foto: A. Braun

Das harmonische Einfügen der Bahnstrecke in die Umwelt — im Gegensatz zur Landschaftsverschandelung durch den Rhein-Main-Donau-Kanal einige Kilometer flußabwärts — zeigen diese Bilder aus dem Altmühltal. Mit einem Güterzug ist am 26.8.1972 die 144 141 unterwegs, die von D. Dettelbacher bei Dollnstein aufgenommen wurde. Vor den charakteristischen Jura-Felsen heult am 4.4.1977 die 117 004 mit dem N4264 die Altmühl entlang, fotografiert von A. Braun.

In der Holledau, Deutschlands größtem Hopfenanbaugebiet, fotografierten B. Brandt (oben) und G. Bendrien (unten) die 118 mit typischen Eilzugleistungen auf der Strecke München — Ingolstadt. Auf der oberen Aufnahme biegt die 118 016 mit dem E 3237 um die Kurve, unten führt die 118 012 den E 3280. Beide Aufnahmen entstanden bei Wolnzach.

Eine der ersten nach dem 2. Weltkrieg elektrifizierten Strecken ist die Verbindung Nürnberg — Regensburg, von der die folgenden Aufnahmen stammen. Den Personenzugbetrieb der frühen fünfziger Jahre dokumentieren die beiden Fotos dieser Seite von P. Ramsenthaler aus dem Jahr 1952, die im nördlichen Teil der Strecke entstanden. An einem schönen Sommertag ist die E52 24 bei Feucht mit einem bemerkenswerten Personenzug unterwegs. Auch auf der unteren Aufnahme, bei der sich die E18 27 bei Limbach in die Kurve legt, ist die Zugbildung interessant: Neben den Personenwagen werden auch eilige Güterwagen sowie ein zweiachsiger Postwagen mitgeführt. Die E18 hat übrigens noch einen Teil ihrer Schürze.

Auf der Strecke Nürnberg — Regensburg waren die E18 bis zum Ausscheiden aus dem Plandienst tätig, allerdings nicht mehr vor Schnellzügen, die die neuen 111 übernommen hatten. Typisch waren dagegen Eilzugbespannungen wie auf der oberen Aufnahme, bei der 118 054 (eine Nachkriegs-E18) am 8.6.1983 bei Beratzhausen dem Fotografen J. Seyferth entgegenkam.
1959 erreichte der Fahrdraht Passau, so daß sich das Einsatzgebiet nach Süden hin bis an diesen Wendebahnhof verlängerte. Am 14.4.1962 fotografierte W. Hanold in Passau die E18 05, wobei der gute Pflegezustand der Lok auffällt.

Schnellzugbespannungen waren vorwiegend Aufgabe der E18, wie die Fotos von W. Zeitler belegen. Im südlichen Streckenabschnitt führt die Strecke durch eine karge, herbe Landschaft, wo diese Aufnahmen entstanden. Mit einer abgesehen vom Schürzen-Speisewagen einheitlichen Nachkriegs-Schnellzuggarnitur ist die E18 auf dem oberen Foto unterwegs. Eine etwas abwechslungsreichere Zugreihung überquert auf der unteren Aufnahme vom August 1962 die Laaberbrücke bei Beratzhausen.

Einmal pfeifen Einsfünfzig

Vor rund dreißig Jahren arbeitete ich in der Filiale einer Münchener Firma in Landshut, hatte dort ein Zimmer, behielt jedoch meinen Hauptwohnsitz München bei. Die Arbeiterwochenkarte erstattete mir der Arbeitgeber.

Ich ließ es mir zur Gewohnheit werden, freitags nach Dienstschluß in den Personenzug, der stets von einer der in Bayern verbliebenen E04 gezogen wurde, zu steigen und fuhr so zu einem Abendbummel nach München. Landshut war mir zu ruhig.

Die Rückfahrt ab München ging mit dem „Lumpensammler" ein paar Minuten vor Mitternacht vonstatten, den immer eine E44 am Haken hatte. An einem jener Freitage schlenderte ich gemächlich zu meinem „Rück-Zug", sah ihn schon am menschenleeren Bahnsteig stehen und plötzlich rollte er, noch viel zu früh, ohne Lautsprecheransage, an. Mir schoß es durch den Kopf: Entweder spurten und aufspringen oder auf den Frühzug gegen 5 Uhr warten.

Entgegen meiner sonstigen vorsichtigen Wesensart rannte ich dem Zug nach und schwang mich übermütig elegant, wie ich meinte, auf das letzte Trittbrett. Jedoch, zu meinem Schreck, ließ sich die Tür nicht öffnen. Erst jetzt bemerkte ich, daß der Schlußwagen ein Postwagen war. Inzwischen hatte der Lokführer schon einiges an Geschwindigkeit zugegeben, zum Wiederabsprung fehlte mir doch der Mut und es wurde mir langsam sehr windig auf meinem Freiluftstehplatz.

Als Eisenbahn-Fan gab es für mich nur eines: Umsteigen auf die unterste Sprosse der Aufstiegsleiter für die Zugschlußlaternen.

Ich hatte während des Krieges als Außenbordeisenbahnfahrer schon einige Erfahrungen sammeln können.

Während ich also über den Puffer zum besagten Aufstieg hangelte, bemerkte ich, rückwärts schauend, den Aufsichtsbeamten, dem ich das alles verdankte, sehr aufgeregt am Telefon gestikulieren.

Mein nunmehr fester Standpunkt begeisterte mich inzwischen. Wer hat schon das erleuchtete Vorfeld des Münchner Hauptbahnhofes zu so nachtschlafender Zeit aus einem derart interessanten Blickwinkel sehen können?

Herrlich, ich kam mit dem Schauen gar nicht mehr mit!

Da, unversehens, etwa in Höhe München-Laim, die Bremsen wurden angelegt, der Zug hielt. Junge, sagte ich zu mir, das ist eine Gelegenheit, steig ab! Jedoch über die Durchgangs- und Abstellgleise in Laim zu laufen, gefiel mir auch nicht.

Ehe ich mich für irgend etwas, Bleiben oder Absteigen, entschließen konnte, ließ der Lokführer einen Achtungspfiff ertönen und der Zug fuhr mit mir langsam wieder an.

Das genügte einem Lokführer auf dem Nachbargleis bei seiner 50, die einst von der Form her eine ÜK gewesen sein muß, kräftig Dampf aufzumachen und heranzukommen. Er muß mich im erleuchteten Bf. Laim schon von weitem erspäht haben.

Er fuhr eine Weile mit seinem Dampfer neben mir her, zeigte mich seinem Heizer und scheint mich bewundert zu haben, seinen Gesten nach zu schließen. Jedenfalls winkte er mir anerkennend und ermutigend zu, als er geradeaus in Richtung Pasing weiterfuhr und ich bzw. der Zug mit meinem „Aussichtswagen" nach rechts, Richtung Landshut abbog, wo der nächste „Gag" lauerte.

Zwischenzeitlich scheint ein großer Ringalarm ausgelöst worden zu sein. Der Blockwärter dort jedenfalls strahlte mit seinem Scheinwerfer das Zugende in gleißende Helligkeit und erfaßte mich mit seinem blendenden Licht.

Mir kam es vor, als genieße er es, mich gleichsam zu markieren, weil er so lange, wie es eben ging, hinterherleuchtete.

Ich dachte für mich: „Du kannst mir gar nichts, in Moosach hält ja der Zug und ich steige um in einen Personenwagen und penne bis Landshut."

In Moosach jedoch erwartete mich der absolute Hammer!

Als der Zug dort über die ersten Weichen ratterte, lugte ich von meiner Leiter nach vorn und erspähte die Überraschung.

Der Bahnsteig war von einer Bahnpolizei-Hundestaffel besetzt!

Als der Zug quietschend zum Stehen kam und ich mich anschickte, herabzusteigen, wurde ich sofort umzingelt. Zu meinem Erstaunen fiel kein Kommando, die Hunde blieben ruhig. Ich hatte zumindest erwartet, daß ich unter Bedrohung fletschender Bahnpolizeihundezähne in Haft genommen würde.

Die Gesichter der Polizisten waren dienstlich ernst, die Augen der Hunde sind mir heutzutage noch gut in Erinnerung. Treuherzig blickten mich die Tiere an, so als wollten sie mich fragen: Mußt Du denn unbedingt diesen Wirbel veranstalten, wie schön hätten wir jetzt schlafen können.

Das Unvermutete geschah, unbehelligt konnte ich vorbei an den Polizisten und Hunden in den nächsten Personenwagen steigen und mich gemütlich hinsetzen.

Abfahrt! Der Zug fuhr wieder an und gleich

Der kürzeste Tunnel der Bundesbahn ist auf diesem Foto zusammen mit der 118 047 festgehalten. Am 12.4.1984 durchfährt die Lok mit dem E 3421 das Felsentor bei Etterzhausen, aufgenommen von J. Seyferth.

Nach der Elektrifizierung der Donautalbahn Regensburg — Ulm kamen die E18 auch hier zum Einsatz. Am 27.8.1983 poltert die 118 024 mit dem E 3168 über die Donaubrücke bei Bad Abbach. Foto: B. Brandt

erschien der Schaffner. Höflich verlangte er die Fahrkarte. Ich zog meine Arbeiterwochenkarte hervor, worauf er das Antragsformular für diese forderte. Auch das konnte ich vorweisen. Damit war er zufrieden und ging. Meine Adresse muß er sich aber doch gemerkt haben.

Im Laufe der nächsten Wochen verblaßte in mir das nächtliche Erlebnis, bis eines Tages ein Brief der Bundesbahndirektion Regensburg eintraf, etwa des Inhaltes:

Sie haben eine Transportgefährdung verursacht und würden wir bei Erstattung der Unkosten auf beigefügter Zahlkarte von Anzeige absehen. Dazu präsentierte man mir folgende „Rechnung":

1 x außerplanmäßige Anfahrt des Personenzuges Nr. sowieso   DM 12,00

1 x Achtungspfiff   DM 1,50
Zuzüglich Porto und Ausfertigung.

Ich habe natürlich sofort die noch nicht einmal zwanzig Mark (viel Geld damals) überwiesen; diese einmalige Eisenbahnfahrt war es mir wert.

Die Hundestaffel scheint umsonst gekommen zu sein; sie wurde vielleicht als Übung gewertet.

Es vergingen Jahre, ich arbeitete inzwischen bei einer anderen Firma in München, die ausgedehnte Weihnachtsfeiern veranstaltete. Nachdem also bei einer solchen der offizielle Teil absolviert war und man noch bei einem Gläschen beisammen saß, wurden wie das oft so ist, Schwänke aus dem Leben zum besten gegeben. Ich tischte meine „Transportgefährdung" auf.

Man lachte zwar, aber Nichteisenbahnfreunde können natürlich nicht ermessen, was ich da erlebt hatte.

Nur ein Kollege lauschte interessiert. Es stellte sich dann heraus, daß er damals bei der Direktion Regensburg beschäftigt gewesen war, dort Forderungen der DB eintrieb und just meinen Vorgang bearbeitet hatte. Er erzählte mir, daß der Akt im Amt von Hand zu Hand gegangen sei, sogar seiner Familie hätte er ihn mit nach Hause genommen. Wie der Zufall so spielt, treffe ich auch noch mit diesem Sachbearbeiter zusammen!

Jedoch ist mir im Laufe der Jahre leider das nette Schreiben aus Regensburg verloren gegangen.

H. Stange

Schnell- und Eilzugbespannungen der E18 auf der Strecke München — Regensburg waren lange Jahre aus den Dienstplänen dieser Baureihe nicht wegzudenken. Stammleistungen waren vor allem die Schnellzüge nach Prag, Görlitz und Berlin, so daß sich manchem kleinen Kind beim Abholen der Tante von „Drüben" das dreifenstrige Gesicht der E18 einprägte. Die beiden Fotos zeigen zwei der erwähnten Schnellzugleistungen: Die beige-türkis lackierte 118 028 bringt am 16.8.1977 den Prager Schnellzug D 468 nach München, hier fotografiert von M. Trauner bei Steinrain. An den Halberstädter Waggons der DR ist der Schnellzug nach Görlitz zu erkennen, den am 18.8.1981 R. Piel bei Hagelschlag aufnahm.

153

Unsere Rundreise mit den Ellokveteranen der Bundesbahn geht dem Ende zu. Bevor wir nach München zurückfahren machen wir noch Station in Bruckberg an der Strecke Landshut — München, wo 118 045 am 8.1.1983 mit dem E 3082 an der Amper entlang fährt. Foto: B. Brandt.

Für die Ausbesserung der Ellok-Veteranen der Bundesbahn war von jeher das Ausbesserungswerk München-Freimann zuständig. Nach all den Einsatzfotos wirken diese Aufnahmen in Reparatur befindlicher Loks recht nüchtern. Ober wartet 160 001 auf einen neuen Fahrmotor, unten erhält die 194 193 ihre letzte Untersuchung U2. Fotos: B. Rampp

„Bereit zur Abfahrt, blickt der Lokomotivführer aus dem seitlichen Fenster des Führerstandes. Aufmerksamkeit und Ruhe spiegeln sich in seinem Gesicht." So stand es 1961 in einem Bild-Jahrbuch der Deutschen Bundesbahn, und ähnlich könnte man auch diese Aufnahme kommentieren. Mit ihr wollen wir an die zahlreichen Lokführer erinnern, für die der Führerstand der alten Elloks jahrzehntelang Arbeitsplatz im anstrengenden Schichtdienst war. Foto: W. Zeitler (1963, E 18 053).

Dank der Initiative einiger traditionsbewußter Bundesbahn-Mitarbeiter werden eine Reihe von Ellok-Veteranen der Nachwelt als Museumsloks erhalten bleiben. Einige Maschinen wurden für Sonderzug-Einsätze betriebsfähig aufgearbeitet, so daß man sie auch künftig anläßlich besonderer Veranstaltungen wird erleben können. Die folgenden Aufnahmen zeigen einige der Museumslok, die bereits im Sonderzug-Dienst zu sehen waren.

Zum Abschied der E18 und E44 vom Bw Würzburg veranstaltete diese Heimatdienststelle eine zweitägige Lokomotivausstellung und mehrere Sonderfahrten, darunter auch zwei Sonderzüge in den Frankenwald. Auf der Rückfahrt vom Haltepunkt Falkenstein zieht die E18 047 den Schürzenwagen-Zug nach Ludwigstadt, aufgenommen mit der Mantelburg bei Lauenstein am 21.7.1984 von B. Rampp. Einen Tag später befuhr die E44 119 die sonst den Güterverkehr vorbehaltene Werntalbahn Gemünden — Waigolshausen (-Schweinfurt) mit dem unten abgebildeten Sonderzug. Das Foto von B. Brandt entstand bei Binsfeld.

Anläßlich des 111jährigen Jubiläums des Bw München Hbf wurde die von Angehörigen dieses Betriebswerks in ihrer Freizeit aufgearbeitete E 18 08 gezeigt. Die Lok trägt noch den graubraunen Grundanstrich, ist jedoch inzwischen in Reichsbahn-Grau lackiert. In dieser Farbgebung präsentiert sich auch die restaurierte E 75 09, die am 29.4.1984 einen DGEG-Sonderzug von Augsburg ins Nördlinger Ries beförderte. Auf der Rückfahrt entstand die untere Aufnahme bei Donauwörth. Fotos: B. Brandt

Für die Mehrzahl der Ellokveteranen endete die Fahrt auf dem Schrottplatz. Auf dem Bild von B. Rampp, das auf dem Lokfriedhof des AW Freimann am 27.4.1978 entstand, haben die Schneidbrenner von 160 004 nur noch Trümmer übriggelassen.

Wie es sich für ein echtes Eisenbahnbuch gehört, beenden wir unseren Bilderbogen mit dem Zugschluß-Signal, der Schlußlaterne, die hier auch für das Ende der Altbau-Ellok-Ära steht. Foto: J. Seyferth

Verzeichnis der Text- und Bildautoren

Manfred Baumann
Gerald Bendrien
Stephan Beständig
Rudolf Birzer
Otto Blaschke
Georg Bolay
Joachim Bügel
Wolfgang Bügel
Joachim Claus
Dieter Dettelbacher
Ulrich Ebert
Bernd Eisenschink
Markus Engel
Hubert Fingerle
Franz Fritz
Herbert Fritz
Rüdiger Gänsfuß
Horst Günther
Jürgen Hagemann
Walter Hanold
Franz Jäger
Dieter Kempf
Norbert Kempf
Andreas Knipping
Wolgang Kölsch
Peter Konzelmann
Hermann Kuom
Dr. Rolf Löttgers
Karl-Heinz Löw
Frank Lüdecke
Johannes Mascha
Peter Melcher

Ulrich Montfort
Bernd Mühlstraßer
Harald Navé
Gerd Neumann
Thomas Paule
Konrad Pfeiffer
Reiner Piel
Peter Ramsenthaler
Wolfgang Reimann
Helmut Röth
Ralf Roman Rossberg
Ludwig Rotthowe
Werner Schimmeyer
Hans Schmidt
Albert Schöppner
Ernst Schörner
Peter Schricker
Heribert Schröpfer
Wilhelm Schulz
Claus-Jürgen Schulze
Heinz Schulze
Joachim Schweichler
Joachim Seyferth
Joachim Spitz
Karl-Heinz Sprich
Heinz Stange
Herbert Stemmler
Michael Waidelich
Thomas Waidelich
Burkhard Wollny
Walther Zeitler

Diesen und allen anderen Eisenbahnfreunden, die uns bei der Erstellung dieses Buches behilflich waren, sei an dieser Stelle herzlich gedankt.